中华精神家园

文化遗迹

原始文化

新石器时代文化遗址

肖东发 主编 张学亮 编著

中国出版集团

现代出版社

图书在版编目（CIP）数据

原始文化：新石器时代文化遗址 / 张学亮编著. —
北京：现代出版社，2014.5（2019.1重印）
ISBN 978-7-5143-2359-7

Ⅰ. ①原… Ⅱ. ①张… Ⅲ. ①新石器时代文化－文化
遗址－介绍－中国 Ⅳ. ①K878

中国版本图书馆CIP数据核字（2014）第086309号

原始文化：新石器时代文化遗址

主　　编：肖东发
作　　者：张学亮
责任编辑：王敬一
出版发行：现代出版社
通信地址：北京市定安门外安华里504号
邮政编码：100011
电　　话：010-64267325 64245264（传真）
网　　址：www.1980xd.com
电子邮箱：xiandai@cnpitc.com.cn
印　　刷：三河市华晨印务有限公司
开　　本：710mm×1000mm　1/16
印　　张：10
版　　次：2015年4月第1版　2021年3月第4次印刷
书　　号：ISBN 978-7-5143-2359-7
定　　价：29.80元

　　党的十八大报告指出："文化是民族的血脉，是人民的精神家园。全面建成小康社会，实现中华民族伟大复兴，必须推动社会主义文化大发展大繁荣，兴起社会主义文化建设新高潮，提高国家文化软实力，发挥文化引领风尚、教育人民、服务社会、推动发展的作用。"

　　我国经过改革开放的历程，推进了民族振兴、国家富强、人民幸福的中国梦，推进了伟大复兴的历史进程。文化是立国之根，实现中国梦也是我国文化实现伟大复兴的过程，并最终体现为文化的发展繁荣。习近平指出，博大精深的中国优秀传统文化是我们在世界文化激荡中站稳脚跟的根基。中华文化源远流长，积淀着中华民族最深层的精神追求，代表着中华民族独特的精神标识，为中华民族生生不息、发展壮大提供了丰厚滋养。我们要认识中华文化的独特创造、价值理念、鲜明特色，增强文化自信和价值自信。

　　如今，我们正处在改革开放攻坚和经济发展的转型时期，面对世界各国形形色色的文化现象，面对各种眼花缭乱的现代传媒，我们要坚持文化自信，古为今用、洋为中用、推陈出新，有鉴别地加以对待，有扬弃地予以继承，传承和升华中华优秀传统文化，发展中国特色社会主义文化，增强国家文化软实力。

　　浩浩历史长河，熊熊文明薪火，中华文化源远流长，滚滚黄河、滔滔长江，是最直接的源头，这两大文化浪涛经过千百年冲刷洗礼和不断交流、融合以及沉淀，最终形成了求同存异、兼收并蓄的辉煌灿烂的中华文明，也是世界上唯一绵延不绝而从没中断的古老文化，并始终充满了生机与活力。

　　中华文化曾是东方文化摇篮，也是推动世界文明不断前行的动力之一。早在500年前，中华文化的四大发明催生了欧洲文艺复兴运动和地理大发现。中国四大发明先后传到西方，对于促进西方工业社会的形成和发展，曾起到了重要作用。

中华文化的力量，已经深深熔铸到我们的生命力、创造力和凝聚力中，是我们民族的基因。中华民族的精神，也已深深植根于绵延数千年的优秀文化传统之中，是我们的精神家园。

总之，中华文化博大精深，是中国各族人民五千年来创造、传承下来的物质文明和精神文明的总和，其内容包罗万象，浩若星汉，具有很强的文化纵深，蕴含丰富宝藏。我们要实现中华文化伟大复兴，首先要站在传统文化前沿，薪火相传，一脉相承，弘扬和发展五千年来优秀的、光明的、先进的、科学的、文明的和自豪的文化现象，融合古今中外一切文化精华，构建具有中国特色的现代民族文化，向世界和未来展示中华民族的文化力量、文化价值、文化形态与文化风采。

为此，在有关专家指导下，我们收集整理了大量古今资料和最新研究成果，特别编撰了本套大型书系。主要包括独具特色的语言文字、浩如烟海的文化典籍、名扬世界的科技工艺、异彩纷呈的文学艺术、充满智慧的中国哲学、完备而深刻的伦理道德、古风古韵的建筑遗存、深具内涵的自然名胜、悠久传承的历史文明，还有各具特色又相互交融的地域文化和民族文化等，充分显示了中华民族的厚重文化底蕴和强大民族凝聚力，具有极强的系统性、广博性和规模性。

本套书系的特点是全景展现，纵横捭阖，内容采取讲故事的方式进行叙述，语言通俗，明白晓畅，图文并茂，形象直观，古风古韵，格调高雅，具有很强的可读性、欣赏性、知识性和延伸性，能够让广大读者全面接触和感受中国文化的丰富内涵，增强中华儿女民族自尊心和文化自豪感，并能很好继承和弘扬中国文化，创造未来中国特色的先进民族文化。

2014年4月18日

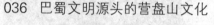

文明发祥——长江流域

民族摇篮——黄河流域

先祖渊源——南北地区

长江流域

长江干流和支流流经我国广大地区，横跨我国西部、中部和东部共计19个省、市、自治区。长江流域雨量丰富，气候温暖湿润，农作物生长期长，非常适合人类生存。因此，它是中华文化的重要发源地。

长江流域分布着很多新石器时期的原始文化遗址，它们在源远流长的中华文明史中占据着不可忽视的地位。比如彭头山文化、大溪文化、河姆渡文化、良渚文化、屈家岭文化、宝墩文化、营盘山文化等。

南方最早新石器彭头山文化

原始社会女性图

彭头山文化处于长江流域，位于湖南省北部澧县大坪乡孟坪村境内。它是我国南方最早的新石器时代遗址，是我国史前文化的代表。

彭头山文化主要分布在洞庭湖西北的澧水流域，仅发现于澧县境内。被确认属于彭头山文化的遗址有彭头山、八十垱、李家岗等10多处。

澧阳平原属于河湖冲积平原，是湖南境内最大的平原之一，是一个介于武陵山余脉与洞庭湖盆地之间的过渡地带，它东连湖区，西北邻近山地。

彭头山古文化遗址位于澧阳平原中部，是一处高出四周地的圆形丘岗，东南是澧县县城。周围地势开阔平坦，西面和南面有一些澧水的支流涔河的小支流。

■彭头山文化陶器
复原图

彭头山文化距今9100年至8200年。彭头山文化遗址属新石器时代早期遗址，大致呈长方形。据考察，遗址有地面式、浅地穴式建筑遗迹和以小坑二次埋葬为主的墓葬18座。

彭头山文化遗址城内分布着成排的房屋，其中有我国最早的高台建筑，城外是一圈壕沟环绕。它很可能是我国后来夯土城址的雏形。

彭头山文化分7个文化层。发现了一批居住房址，出土的文物有新石器时代早期的打制石器和细小燧石器，以及夹炭红褐陶、夹砂红褐陶和泥质红陶。

彭山头遗址出土的几件陶器比较原始，制作工艺古朴简单，器坯均使用了原始的泥片贴塑法，胎厚而不匀。

彭头山文化遗址中大部分陶器的胎泥中夹有炭屑，一般呈红褐色或灰褐色。器类不多，主要是深腹

史前文化 就是指文字产生以前的人类文化，史前时期的年代范围是文字出现前的人类历史。一般说来，我国的史前时期，包括早期猿人、晚期猿人、母系氏族以及传说中的我国上古时期三皇五帝的发展史，直至最后夏朝的建立。

■ 钵　洗涤或盛放东西的较小的陶质器具。钵的形状多呈矮盂形，腰部凸出，钵口钵底向中心收缩，直径比腰部短。这种形状可使其中的饭菜不易溢出，又可保温。

锛　我国原始社会时期磨制石器的一种，长方形，单面刃或双面刃。有的石锛上端有"段"，就是磨去了一块，称"有段石锛"。它装上木柄可用作砍伐、刨土。锛是新石器时代和青铜器时代主要的生产工具。

罐与钵，普遍装饰粗乱的绳纹、刻画纹，器形有圆底罐、钵、盆。而且红陶已饰有太阳月亮纹，其历史价值和研究价值极高。

彭头山文化遗址的石器由大型打制石器、细小燧石器、磨制石器三大部分组成，并以打制石器占绝对多数，既有大型砾石石器，也有黑色细小隧石器，另有少量石质装饰品。与本地旧石器时代晚期的传统区别不大。

大型打制石器制作粗糙，没有固定的形状，作用多是用来砍砸东西，形制有石核、砍砸器、穿孔盘状器、刮削器和石片石器等；细小燧石器也缺少正规的样式，功用应该是以切割和刮削为主，器形有石片和刮削器。

彭头山文化遗址石器中的磨制工具不仅数量极少，且种类单纯、体型偏小，常见一种既可以叫作斧又可以叫作锛的器形，双面刃。还有个别石杵和石棒，它们可能是食物加工工具。

在彭头山文化的晚期，磨制石器有了明显的进步，一是数量有所增加，二是出现了较大型的斧。

彭头山文化遗址骨木器发现的数量和种类都十分稀少，而且造型简单，制作加工粗糙原始。骨器有小型和大型斜刃锥形器，前者为掌上型工具，功用为采掘和开挖小洞坑；后者可以捆缚上木棒而构成复合工具，可用于取土或开沟。木器有钻、杵、耒等。

在彭头山文化遗址中，首次发现了超过9000年至8000多年的世界上已知最早的稻作农业资料，陶器泥料中也普遍发现稻作遗存。

在显微镜下，可清楚地看到陶器胎壁中有大量的炭化稻谷谷粒和稻壳。将稻壳作为陶胎的主要掺和料之一，是彭头山文化陶器的一大明显特征。

广泛流传于洞庭等地的系列神话，暗示了生活在

杵 我国远古时期人们使用的捣谷工具，它是棒的一种，因其两端粗，中间细，故得名。据说，它是由伏羲发明的。杵还有一个重要用途。在"版筑"这种传统土木建筑施工法中，人们要把土捣实，才修筑墙壁，而杵就是把土捣实的工具。军队里就有杵这种工具。后来，士兵们就把杵作为一种兵器使用起来。

■ 原始人模型

原始皿器

彭头山文化遗址的原住民三苗率先发现野生稻并进行人工栽培。从农业起源的角度看，它们都应是早期形态栽培稻，为确立长江中游地区在我国乃至世界稻作农业起源与发展中的历史地位奠定了基础。

值得一提的是，这里从遗址边缘古河岸坡下含古生活垃圾的淤积土中发现了数以万计形态完好无损的稻谷和米粒，许多谷粒上还带有芒；另有莲藕、稻米等。

总结起来，彭头山文化时期，经济生活中特别值得一提的重大事件首推水稻种植。其经济特征为采集、渔猎在经济生活中居主导地位，兼有水稻种植与家畜饲养。

阅读链接

1988年秋，发掘彭头山遗址时，人们在出土的器物陶片及红烧土中见到众多的炭化稻壳。当年，有学者发表了《彭头山文化的稻作遗存与中国史前稻作农业》一文，在简要介绍彭头山文化稻作遗存与经济生活的基础上，探讨了我国稻作农业的若干问题。

文章从彭头山文化的稻作农业与经济生活、关于我国稻作农业的起源、我国史前稻作农业的发展阶段几个方面阐述证明了彭头山文化中的稻作农业对中国史前农业研究的重要价值。

1989年冬，试掘李家岗遗址时，又在陶片中观察到大量炭化稻壳；1990年夏，小面积试掘曹家湾遗址时，在出土的陶片中发现稻壳遗痕；在下刘家湾遗址采集到的陶片中也发现稻谷遗痕；1993年至1997年，发掘八十垱遗址时，不仅在出土的陶片中观察到炭化稻壳，还在遗址中出土了大量炭化的稻草、稻壳和稻谷。

父系氏族的萌芽大溪文化

  大溪文化是我国长江中游地区的新石器时代文化，因位于重庆市巫山县大溪遗址而得名。其分布东起鄂中南，西至川东，南抵洞庭湖北岸，北达汉水中游沿岸，主要集中在长江中游西段的两岸地区。放射性碳素断代并经校正的年代，为公元前4400年至公元前3300年。

  巫山县历史文化悠久，古代神话中的巫山神女，也称巫山之女。传说为天帝之女，一说为炎帝之女，本名瑶姬，未嫁而死，葬于巫山

■大溪文化动物陶器

■彩陶 也称陶瓷绘画，它是我国悠久的"国粹"——陶瓷艺术之中的艺术。彩陶艺术中融合了艺术家的各种创作思想、风格、语言，创作出风格各异而又多姿多彩的艺术珍品，是我国不可多得的文化瑰宝。

之阳，因而为神。

战国时楚怀王游高唐，梦与神女相遇，神女自荐枕席，后宋玉陪侍楚襄王游云梦时，作《高唐赋》与《神女赋》追述其事。神女为"且为朝云、暮为行雨"的美貌仙女。

因此，巫山神女的传说和大溪文化的发现，都印证了早在远古时期这里就有人类生活。

大溪文化的发现，揭示了长江中游的一种以红陶为主并含彩陶的地区性文化遗存。属母系氏族晚期至父系氏族的萌芽阶段，是我国著名的原始社会古文化遗址之一。

大溪遗址位于长江瞿塘峡南侧，后在西陵峡又发现几处同类遗址。大溪文化可归纳为3期：

早期以夹炭红陶最多，戳印纹简单、细小，彩陶极少，以折肩圈足罐、三足盘、鼓形器座等为代表。

中期以戳印纹最发达，彩陶兴盛，常见内折沿圈足盘、簋、高把豆、折腹盆、曲腹杯、筒形瓶等。

晚期则以泥质陶占绝对优势，灰陶和黑陶剧增，有细颈壶、折敛口圈足碗等。

大溪文化的陶器以红陶为主，外表普遍涂有红衣，有些因扣烧而外表为红色，器内为灰色和黑色。盛行圆形、长方形和新月形等戳印纹，一般成组印在

原始文化

新石器时代文化遗址

圈足部位。

其中有少量彩陶，多为红陶黑彩，常见的是绳索纹、横人字形纹、条带纹和漩涡纹。主要器形有釜、斜沿罐、小口直领罐、壶、盆、钵、豆、簋、圈足盘、圈足碗、筒形瓶、曲腹杯、器座、器盖等。

以白陶和薄胎彩陶最为突出，代表了较高的工艺水平。在白陶圈足盘上，通体饰有类似浅浮雕的印纹，图案复杂精细。薄胎细泥橙黄色的彩陶单耳杯和圈足碗，绘以棕红色的多种纹样，显得精美别致。

石器中两侧磨刃对称的圭形石凿颇具特色。有很少的穿孔石铲和斜双肩石锛。偶见的巨型石斧。同时，有相当数量的石锄和椭圆形石片切割器等打制石器。另有大量的实心陶球和空心裹放泥粒的陶响球。

大溪文化流行红烧土房屋并较多使用竹材建房。葬式复杂多样，跪屈式、蹲屈式的仰身屈肢葬是该文

圭 我国古代在祭祀、宴飨、丧葬以及征伐等活动中使用的器具，其使用的规格有严格的等级限制，用以表明使用者的地位、身份、权力。一般为玉质，长条形，上端作三角形，下端正方形。有的器表满布浮雕的谷纹或蒲纹，有的阴刻出四山纹，寓安定四方。

■复原陶器

原始人居住的房屋

化的特殊葬俗。

大溪文化居民以稻作农业为主。在房屋建筑遗迹的红烧土块中，经常发现稻草、稻壳印痕。红花套遗址的稻壳印痕经鉴定为粳稻。

大溪文化居民除饲养猪、狗外，鸡、牛、羊可能也已成为家禽家畜。同时，渔猎、采集等辅助经济仍占一定比重。特别是在大溪有些地段的文化层内，夹杂较多的鱼骨渣和兽骨，包括鱼、龟、鳖、蚌、螺等水生动物以及野猪、鹿、虎、豹、犀、象等的遗骸。

在大溪文化遗址中，一直没有发现成批的或数量较多的收割农作物的工具，为数甚少的石刀、蚌镰显然主要不是为了收割水稻使用的，而是用于采集活动。

这种现象表明，大溪氏族部落收割稻谷不是像黄河流域那样用刀割粟、黍穗头，也不是连杆割取，而是在田间带莛薅拔，再捆扎成把晾晒。

稻谷去壳加工，主要用杵和臼。在许多遗址中发现了舂米用的陶臼和一些直接利用形体合适的河卵石做成的石杵。

大溪文化的手工业主要是制陶业和石器制造业。长江中游氏族部落当时的制陶业有其自身的创造。大溪文化遗址的火膛上未见窑箅，在高出火膛处围绕窑壁一周有平台，构成窑室。待烧制的陶器就摆放在平台上。这种陶窑使用的材料和构筑形式，在中国新石器时代尚属少见。

大溪文化共有 300 余座墓葬。其中大溪墓地最多，人骨保存较好。该墓地死者头向普遍朝南，除个别为成年女性和儿童的合葬墓外，绝大多数实行单人葬。葬式一类为直肢葬，数量占半数以上，以仰身直肢为主。

绝大多数墓都有随葬品，最多的有30余件。其中，女性墓一般比男性墓随葬品多。很多石镯、象牙镯等饰物，出土时还佩戴在死者的臂骨上。

在几座墓里发现整条鱼骨和龟甲，有的把鱼摆放在死者身上，或是置于口边，也有的是两条大鱼分别垫压在两臂之下。以鱼随葬的现象，在我国新石器文化中尚属少见。另外还有把狗作为牺牲的。

大溪遗址早晚两期墓葬所反映的社会性质，有

原始社会中的男性

■ 原始社会狩猎图

很大的变异。大溪文化的早期为母系氏族公社的繁荣阶段，晚期为父系氏族公社的萌芽阶段。

大溪文化与中原地区的仰韶文化，都是新石器时期不同类型的重要文化遗存，它们之间存在相互交流影响的因素。

目前，学术界一般认为大溪文化与屈家岭文化是同一文化类型的两个不同发展阶段，其中，屈家岭文化是在大溪文化的基础上发展起来的。

阅读链接

约在20世纪70年代初期，郭沫若把其称为"大溪文化"。迄今发掘的主要遗址还有湖北宜都红花套、枝江关庙、江陵毛家山、松滋桂花树、公安王家岗，湖南澧县三元官和丁家岗、安乡汤家岗和划城岗等10多处。

1973年在大溪文化的红花套遗址发现了两处保存较好的地臼。这一考古发现，证实了《周易·系辞下》关于上古时代"断木为杵，掘地为臼"的记载。

2007年，重庆东南酉阳县酉酬水电站工程库区也首次发现大溪文化遗址，出土了典型的大溪文化中期双人合葬墓葬等珍贵遗迹遗物。已清理出墓葬和柱洞等建筑遗迹。

其中，墓葬为椭圆形双人合葬墓，左边为侧身屈肢，右边为仰身屈肢，是典型的大溪文化中期墓葬。这是首次在渝东南地区发现大溪文化遗址，也是首次在酉水上游发掘出大溪文化遗址，这为研究大溪文化的分布范围和扩展提供了新的素材。

江汉特色鲜明的屈家岭文化

　　屈家岭文化是我国长江中游地区的新石器文化，因首先发现于湖北京山屈家岭遗址而得名。距今约5000年至4600年。

　　主要在湖北，分布地区以江汉平原为中心，西起三峡，东至武汉一带，北达河南省西南部，南抵洞庭湖区并局部深入湘西沅水中

■原始人类生活图

古陶器复原图

下游。

屈家岭文化是一处以黑陶为主的文化遗存，文化面貌不同于我国新石器时代的仰韶文化，也与洞庭湖以南的几何印纹陶差别较大。因其具有鲜明的江汉平原的特点，有别于仰韶文化和龙山文化，因此将这种文化单独列出。

当地传说，距今5000多年前，中原楚地生活着几支部落，其中有一个比较大的部落首领叫陶帛。

他骁勇善战，在无数次的部落战争中，他都带领他的士族左冲右突，总是用他锋利的箭射中敌对部落首领的心脏，让其应声倒地，从而兵卒溃散，在海啸般的欢呼声中，他又成了这个大部落的首领。

陶帛穿着虎皮做的衣服，头戴狮帽，两道浓眉下的眼睛总是射出鹰隼一样的光。他的部落越扩越大，在不断的征战迁徙中，他们来到中原腹地一个叫屈家岭的地方。这里土地肥沃，最重要的是有一条青洌洌的河，河水温凉清澈，适合部落休养生息。

陶帛带领他的部族在屈家岭居住下来，并将这条赖以生息的河流取名为"青木档河"。他带领着士族建造草屋，烧制陶器，制造弓箭，种植稻米，取粮酿酒，饲养猪牛羊鸡鸭鹅等家禽。日子慢慢变得闲适下来。

陶帛的妻子名叫奢香，只有18岁，杏核眼鹅蛋脸，一头乌黑似瀑布一样的长发，最重要的是她性情温和，低眉顺眼，从不违逆他的任何旨意。

以前，由于陶帛南征北战，无暇顾及她。现在，有了空闲，他外出打猎时总会带上她。他骑一匹枣红色的骏马，外出打猎时，他将她放在马背上。每打中一头奔跑的鹿，她总是惊恐地闭上眼睛，不敢看那汩汩流出的鲜血。

青木档的河水静静地流淌着。有一年的阳春三月，桃花开遍了屈家岭的山岭、河坡，他们培育的油菜也开出了金灿灿的花朵，花儿虽然小巧，但重在这一种小小的花儿会造势，一蔓满山坡，金黄金黄的，美丽无比。

奢香近来觉得身子恹恹的，吃不下饭，特别闻不得油烟味儿。成天里只想睡觉，闭目躺在陶帛为她特别搭建的草屋的草褥垫子上。

陶帛看着奢香恹恹的脸，他焦躁无比，在奢香的草榻前走来走去，眉头紧锁。他命令手下人马上去将另一个部落最有名的巫医给请来，为奢香瞧病。

不多久，巫医被带到了，他脸色惨白地站在陶帛面前，低着头不敢出声。陶帛命他替奢香瞧病，他先把了把脉，后来他战战兢兢地答道：

■ 涡纹彩陶壶

黑陶 在器物烧成的最后一个阶段，从窑顶徐徐加水，使木炭熄灭，产生浓烟，有意让烟熏黑而形成的黑色陶器，其分布区域以山东和苏北地区为主。它是继彩陶之后，中国新石器时代制陶业出现的又一个高峰。黑陶作为山东龙山文化的一个重要特征，是我国新石器时代制陶工艺中与彩陶相媲美的又一光辉创造。

■ 原始人狩猎图

巫医 即巫师和医师，是一个具有两重身份的人。他既能交互鬼神，又兼及医药，是比一般巫师更专门于医药的人物。古人多求助于鬼神以治病，故巫医往往并提。春秋之时，巫医正式分家，从此巫师不再承担治病救人的职责，只是问求鬼神，占卜吉凶。而医生也不再求神问鬼，只负责救死扶伤，悬壶济世。

"族母有孕像，但这孕像不大同于往常，力道太大，怕是不祥。"

陶帛一听奢香有喜，根本没有听进后一句，忙奔到奢香跟前，捧着她的脸狂喜地亲吻起来，一边大喊："我陶帛也有今日啊！"

日子如青木档河的水一样如常流过，四季更迭。陶帛热烈期盼着奢香肚中的孩子尽早出世。然而，奢香的肚子倒是越来越大，却一点生产的迹象也没有。

事实上，在陶帛统一长江流域的这几年之内，在一些地方有的部落也迅速成长起来。其中听说一个九黎族的部落特别厉害，他们的部落首领叫蚩尤，特别勇猛，在征战时能幻化出兽身，如老虎、狮子等，但面相不改，常常让敌族吓得战马嘶嘶，不战而逃。

蚩尤凭这一身本事收复了不少部落,如今正突破黄河流域,向长江流域而来。这对于已经统一长江流域的陶帛来说是个不小的威胁。

陶帛外临强敌,加紧了对部落所有男丁的训练,日日夜夜在青木档河边制造弓箭,磨快刀,养好战马,排兵布阵;女人们也一样,辛勤劳作种植庄稼,汲水煮饭,喂好战马和牛羊,这所有的一切都是为了抵御强敌。

一个仲秋之夜,一轮明月悬挂在天边,陶帛视察训练了一天,累了,静静地躺在奢香草榻边睡着了,他梦见奢香巨大的肚子不见了,她在森林里像风一样轻盈地奔跑着,他骑着战马在森林里追着她,想追问她"我的孩子哪里去了"。可奢香却在大树间飘来飘去。

突然,一个高大的男人出现了,他非常丑陋,盯着美丽的奢香,似乎要扑过去,陶帛想用箭射中他的心脏,无奈箭在箭筒,却怎么也拔不出来。他又看见那个丑陋的人身体瞬间变成了狮子模样。

正在这时,一个英俊的青年从树从中闪出来,他长得多么像年轻时的自己啊,那样年轻,那样英俊,然而,那个人面狮身丑陋的家伙

■原始人使用的红陶杯

原始陶器

原始文化

新石器时代文化遗址

蚩尤 我国神话传说中的部落首领，上古时代九黎族部落首长。约在4600多年以前，黄帝战胜炎帝后，在今河北省涿鹿县境内，展开了与蚩尤部落的战争——涿鹿之战，蚩尤战死，东夷、九黎等部族融入了炎黄部族，形成了今天中华民族的最早主体。

丢掉奢香向年轻人奔去……

突然，窗外火光冲天，哭喊震天，战马嘶鸣。他正沉浸在这可怖的梦中，突然被惊醒，知道大事不好了，他转过头望了望奢香，她正恬静地睡着，他不能让她和她肚中的孩子落入敌手。

他打了一个呼哨，那匹枣红色的战马跑到了床前。他将奢香慢慢抱起放到马背上，摸摸马鼻子，使劲一拍它的屁股，马仰天嘶鸣一声，却不肯走。

陶帛已顾不得它了，他取下挂在墙上的弓箭，大步冲出屋子。外面，人仰马翻，他的族人们正在奋勇杀敌。他瞧见了那个站在河坡上的高大身影，那丑陋的面容正是他梦中所瞧见的，他想他就是蚩尤了吧！

陶帛的手伸向箭筒，一根离弦的箭一触即发了。可就在这时，他的眼前一黑，一股旋风天昏地暗，那个丑陋的人立马变得高大起来，变成了立体的狮子，他毛茸茸的手也正将箭射向陶帛。

一股鲜红的血洒向了青木档河，刹那间，河水变得殷红。陶帛感到无比疲惫，慢慢地倒在了屈家岭。他缓缓地向战马方向望过去，只听见了心爱的战马撒心裂肺的狂啸和奔腾的马蹄声。

它看到主人倒下了，它用悲鸣的长啸为主人送行，之后，它带着主人的遗愿驮着奢香夫人朝森林方向奔去……

美丽的屈家岭上的这个部落在一夜之间消失了，那些密密麻麻的草屋，那些桃树，那成片的油菜花，都消失了。只留下了一个传说：

一匹枣红色的战马驮着一个怀孕的女人在森林里产下了一个巨婴，是个男孩，他生下来就会开口说话，但说出的第一个词语是"陶帛"，那是他的阿爸。他和他美丽的阿妈在森林里生活，食草露，穿树叶，射杀野兽，他的面容俊美，像极了他的阿爸陶帛。

18年后，那个兽身人面的九黎族部落首领蚩尤带领他的部下攻打黄河流域另一个强大起来的部落，他们的首领叫黄帝。双方来来回回打仗无数次，实力不相上下，总是不分伯仲，难分胜负。

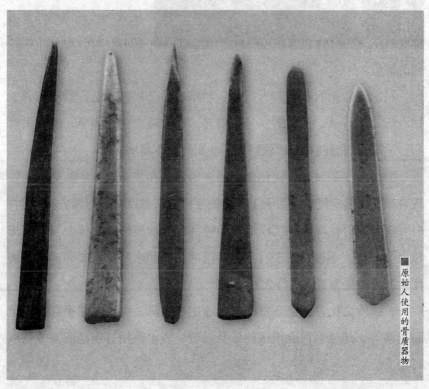

原始人使用的骨质器物

原始时期灰陶

有一天，黄帝部落里出现了一位非常厉害的领队人，一个异常勇猛的年轻人。他是部落里无数女人喜欢的英勇少年，人们叫他应龙，听说他的阿爸曾经统一过长江流域无数部落，在一个名叫屈家岭的地方生活过。

这个美丽的传说和屈家岭遗址的发现，说明我国长江流域同黄河流域一样，也是中华民族的摇篮。

屈家岭文化的石器多为磨制，制作水平已相当高超，器形有斧、铲、锛、凿、镰、箭头等。从石器看，屈家岭文化分为早、晚两大时期，早期石器磨制一般比较粗糙；晚期磨光石器增加。

稻作农业是屈家岭文化主要经济形式，在建筑遗迹的红烧土中发现有稻壳印痕，经鉴定为人工栽培的粳稻。家畜以猪和狗为主。

新石器时代晚期，江汉地区的经济发展比较快，大体上与黄河流域齐头并进。不过，由于有更为广泛的植被和水域，采集和渔猎经济比黄河流域更为普遍与持久。

屈家岭文化各处遗址发现的农业生产工具，主要是扁平穿孔石铲和石镰等，地处鄂西北山区的郧县一带，较多使用打制的凹腰或双肩石锄。

还有些地方也曾发现少数磨制的穿孔石刀。当时收割工具极少，可能是因为水稻的收获方法与中原地区刈割粟穗的方法不同，只采取薅拔的方式。

屈家岭文化陶器以手制为主，少量加以陶轮修整，器型有高圈足杯、三足杯、圈足碗、长颈圈足壶、折盘豆、盂、扁凿形足鼎、甑、釜、缸等，蛋壳彩陶杯、碗最富代表性。

陶器大部分素面，少量饰以弦纹、浅篮纹、刻画纹、镂孔等。由部分彩陶及彩绘陶，有黑、灰、褐等色彩，纹样以点、线状几何纹为主。

彩陶的绘制方法很有特点，作笔有浓淡，不讲究线条，里外皆施彩。陶衣有红、白等色，施加陶衣后用黑色或赭色彩绘出带形纹、网格纹、圆点纹和弧三角纹。

弦纹 我国古代陶器纹饰，是古器物上最简单的传统纹饰，出现于新石器时代，是作为界栏出现的。纹样是刻画出的单一的或若干道平行的线条，排列在器物的颈、肩、腹、胫等部位。有时弦纹与其他纹饰配合使用。弦纹的出现与原始制陶中轮制方法的产生有关，旋刻出来的弦纹又称旋纹。

■ 屈家岭文化玉石牙璋

■豆 我国新石器时代的陶器名，像高脚盘，本用来盛黍稷，供祭祀用，后渐渐用来盛肉酱与肉羹了。作为礼器常与鼎、壶配套使用，构成了一套原始礼器的基本组合，成为随葬用的主要器类。

另有较多的彩陶纺轮，其横截面有椭圆形、长条形等，纺轮上先施米黄色陶衣，然后彩绘出漩涡纹、平行线纹、同心圆纹、卵点纹和短弧线纹。

屈家岭文化的陶器圈足器发达，三足器较多，平底器较少，不见圜底器，器形有罐形鼎、高领罐、高圈足杯、薄胎杯、壶形器等。

屈家岭文化出现了大型分间房屋建筑。这种建筑一般呈长方形，里面隔成几间，有的呈里外套间式，有的各间分别开门通向户外。地面用红烧土或黄沙土铺垫，以便隔潮，表面再涂上白灰面或细泥，并用火加以烘烤使之坚硬。室内面积达70平方米。

■屈家岭文化陶器

在建房过程中，人们有时还把整条猪、狗埋在房基下作为奠基牺牲。

墓葬形制以竖穴土坑墓为主。成人墓多集中于氏族公共墓地，多单人仰身直肢葬，有拔掉上侧门齿的现象。小孩墓多圆形土坑瓮棺葬，葬具通常是在一个陶碗上对扣一个陶盆或用两个陶碗对扣。

屈家岭文化遗址范围很广，主要有京山屈家岭遗址、荆州阴湘城遗址、石首走马岭遗址、钟祥六合遗址、天门邓家湾遗址、谭家岭和肖家屋脊遗址等。

■原始人劳作图

阅读链接

屈家岭遗址于1954年在修建石龙水库干渠时发现后，1955年及1957年中国科学院考古研究所和湖北省文物工作队两次发掘，出土了大量用于生产和生活的石器和陶器。中国科学院为此出了专著《京山屈家岭》。

关于屈家岭文化的来源，一种意见认为，屈家岭文化与大溪文化在部分地区互相重合，有明确的地层叠压关系，陶器有承袭、演变的因素，因而是直接继承大溪文化发展来的。另一种意见认为，大溪文化和屈家岭文化属于不同的文化系统，湖北黄冈螺蛳山遗址为代表的一类遗存，应是探索屈家岭文化渊源的线索。

有的更进一步提出，由螺蛳山遗存直接演变为典型屈家岭文化，而大溪文化则发展成具有地区特征的屈家岭文化。这一问题有待于通过积累更多资料和深入研究来解决。

文明时代标志的石家河文化

　　石家河文化是新石器时代末期铜石并用时代的文化，距今约4600年至4000年，因首次发现于湖北省天门市石河镇而得名，主要分布在我国湖北及豫西南和湘北一带。

石家河文化彩陶

此地有一个规模很大的遗址群，多达50余处，该处已经发现有铜块、玉器和祭祀遗迹、类似于文字的刻画符号和城址，表明石家河文化已经进入文明时代。

石家河文化分布地域较广，遍布湖北全境，延续时间也较长。主要遗址有湖北郧县青龙泉和大寺、房县七里河、天门石家河、当阳季家湖、松滋桂花树、均县乱石滩和花果园、孝感碧公台与涨水庙、枝江关庙山、江陵蔡家台和张泉山、圻春易家山等。

石家河遗址是我国长江中游地区迄今发现分布面积最大、保存最为完整的新石器时代聚落遗址。该遗址群的文化遗存从相当于大溪文化阶段开始，经屈家岭文化至石家河文化，形成一个基本连续发展的过程。

石家河文化晚期已经进入夏代统治的前期，曾一度称为"青龙泉三期文化"，因湖北天门石家河遗址更具这种文化的代表性，故统称为石家河文化。

尧舜禹时期，中原地区黄河流域洪灾泛滥，鲧禹父子治水的传说流传后世。而江汉地区也出现了严重洪涝灾害，石家河文化创造的"筑城—围堰—分洪区"抗洪技术体系，正是对这一灾害的最好注释。

在这场天灾面前，双方都把生存与发展的希望寄托在豫西南丘陵地带。因此，三苗和尧舜禹之间的冲突，也是双方争夺生存空间的一

■ 石家河文化陶罐

场较量。这是双方冲突不绝的另一个重要原因。

石家河文化与中原地区龙山文化的交流、碰撞，印证了史籍记载的尧舜禹讨伐三苗这一重大历史事件。

在新石器时代，我国长江中游的稻作农业生产始终在稳定地发展着，在石家河遗址，发现大片红烧土内夹有丰富的稻壳和茎叶，表明当地的农业生产以种植水稻为主，并且产量较高。

许多遗址出土的农业生产工具也反映了这种情况。长方形无孔石铲、打制双肩石锄、蚌镰、长方形带孔石刀都是实用的农具。

在农业发展的基础上，家畜饲养业也在稳定地发展。青龙泉遗址发现了猪、狗、羊和鹿的骨骸，各地普遍发现的动物骨骸以猪骨最多，尤其在墓葬中大量出土，表明以家畜为私有财产的现象比较突出。

邓家湾遗址的个别地段，还发现了大批小型陶塑，有的一座坑中竟达数千件之多。所塑有鸟、鸡、猪、狗、羊、虎、象、猴、龟、鳖以及抱鱼跪坐的人物等。

这些小塑像集中于窖穴之中，有祭祀的味道。陶器大部分为黑色，不过也有不少红色的陶杯和陶塑，

尧舜禹 我国黄帝以后，黄河流域又先后出现了三位德才兼备的部落联盟首领，相传，尧很节俭。舜品德也好，能以身作则。尧舜时候，水患严重。舜命禹去治水。禹用疏导的方法，把水引入大海。他一心治水，前后13年，三过家门而不入。洪水终于止住，百姓过上了安宁的生活。禹在人民心中树立了威信。

是该文化的一大特色。

石家河文化的陶器刻画符号以象形符号为主，大多以简练的笔画勾勒出某一事物的外部形态，一件陶器上只有一个符号，而且绝大多数为单体符号，少数几个为合体符号。

刻画的基本笔画为弧线和直线，间或用少数未戳穿的圆形小戳孔。少到两画，多到十余画，主要是用某种材料制成的锐器在大口尊、缸的坯体上刻画而成。沟槽较深，有些残片往往沿沟槽断裂，沟槽内的颜色与器表一致，笔道深粗均匀，线条自然流畅。

有些符号因刻画较深，坯体烧干后槽口张裂，其现存宽度往往大于刻时的宽度。高领罐等泥质灰陶小件陶器则是在陶器烧成后或是使用过程中刻画而成，笔道浅细，刻画处的颜色比器表要浅。

■陶器

石家河文化的小型精致的玉件也非常有特色。这些玉器体积小、重量轻，纹饰简洁，做工却很精细。它们大多存在于成人瓮棺之中，显示石家河先民具有特殊的原始宗教信仰。

石家河文化中的玉人头基本都具有"头戴冠帽、菱形眼、宽鼻、戴耳环和表情

原始文化

新石器时代文化遗址

庄重"的特征，但在造型上富于变化。这些玉质的人头形象可能代表着石家河先民尊奉的神或巫师的形象。

石家河文化的动物形玉器多为写实造型，玉人头、玉鹰、玉虎头和玉蝉属于石家河文化玉器中的精华部分：展翅飞翔的玉鹰生动逼真、惟妙惟肖；玉虎头方头卷耳，生气勃勃；玉蝉写实的形象，开创了商周时期玉蝉造型的先河。

总之，石家河文化的玉器代表了江汉平原史前玉雕的最高水平。

另外，在邓家湾遗址还发现了铜块和炼铜原料孔雀石，标志着当时冶铜业的出现。

石家河文化晚期大小墓差别悬殊。肖家屋脊一座大型土坑墓长3米多，随葬品百余件；另一座成人瓮棺中有小型玉器56件，居该文化已发现的玉器墓之首。钟祥六合大多数瓮棺内随葬玉石器及玉石料。这些表明人们以玉器为财富。一般认为，该文化已处于原始社会瓦解阶段。

由此可知，距今约4600年前，屈家岭文化已经被石家河文化取代。早期石家河文化出土的红陶缸上有类似于

■原始人头盖骨

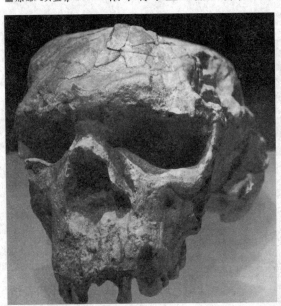

■ 玉蝉 在我国古代，蝉象征复活和永生。蝉的幼虫形象始见于公元前2000年的商代青铜器上，从周朝后期到汉代的葬礼中，人们总把一个玉蝉放入死者口中以求庇护和永生。由于人们认为蝉以露水为生，因此它又是纯洁的象征。

文字的刻画符号，其中"牛角杯形"刻画陶符和描绘"稻草人形"的陶符，表明石家河人盛行"灌禘"崇祀"帝"礼。而"帝"是人祖至上神。这种祖先崇拜与双墩文化祖先崇拜极为相似。

石家河古城内邓家湾社祀中心还发现了陶祖，说明石家河人有生殖崇拜现象。

阅读链接

1954年冬，京山和天门县修建石龙过江水库干渠，考古工作者沿渠道进行调查，在京山屈家岭和天门石家河发现了许多古遗址。石龙过江水库指挥部文物工作队在石家河配合工程，发掘了罗家柏岭、杨家湾、石板冲、三房湾四处遗址。这是江汉地区相当重要的一次考古发掘。

1956年，石家河遗址由湖北省人民委员会公布为第一批重点文物保护单位。

20世纪70年代后期，石家河遗址群的考古工作重新起步。1978年湖北省荆州博物馆试掘了邓家湾遗址，1982年湖北省博物馆试掘了谭家岭、土城遗址。1987年春季，荆州博物馆和北京大学考古系联合发掘了邓家湾遗址。这几次发掘虽然规模都不大，但获得的资料和信息却十分丰富。

1996年，国务院公布石家河遗址为全国文物保护单位。

成都平原最早的宝墩文化

　　宝墩文化是发现于四川省新津县宝墩的新石器时代文化，距今4500年左右，是成都平原能追溯到的最早的人类古文化。

　　宝墩遗址既是这一时期成都平原时代最早的古城址的典型，也是四川即将跨进文明门槛的历史见证。宝墩文化的发现，对了解夏商时

原始人狩猎图

代三星堆文明意义重大。

宝墩文化是文明孕育时期的文化，可能是由营盘山文化发展而来的。宝墩文化在其自身的发展过程中，陶器制作工艺有所创新，同时还可能接受了其他文化的影响。

宝墩村地形奇特，在绿色沃野上凸现出一圈不规则的脊梁似的黄土埂了。埂内阡陌纵横，沟渠交错。沟底和两侧往往会发现一些散碎的砖瓦器物。

而这圈黄土埂子圈起的地方，就是距今约四五千年的古城遗址，散碎的砖瓦器物则是蜀地先民早在四五千年前就进入文明的物证。

宝墩文化遗址主要分布于新津宝墩、温江鱼凫城、郫县古城、都江堰、芒城、崇州双河古城址处，这些地方共同组成了成都平原距今四五千年的古城址群。

■ 原始人类生活场景图

都江堰 位于四川省成都市都江堰市灌口镇，是我国建设于古代并使用至今的大型水利工程，被誉为"世界水利文化的鼻祖"，由秦国蜀郡太守李冰及其子率众于公元前256年左右修建的，是全世界迄今为止年代最久、唯一留存、以无坝引水为特征的宏大水利工程。

■ 原始人类生活场
景图

宝墩古城 位于
我国四川省新津
县城西北的龙马
乡宝墩村，是川
西地区最早和最
大的古城，其建
造年代在公元前
2550年，废弃年
代在公元前2300
年；面积先为60
万平方米，后扩
增为近300万平方
米。据考证，应
该就是蜀国开国
之都。

宝墩文化遗址的6个古城均建在成都平原上河流
间的台地上，城墙的长边往往与河流及台地的走向一
致，城址均呈长方形或近方形，既有利于防洪也便于
设防。其中鱼凫城保存较差，似乎近于六边形，其保
存最长的南墙也与附近的现代河流遥相平行。

城墙建筑都是采用"双向堆土、斜向拍夯"的办
法，与三星堆古城的做法有明显的承袭关系。从宝
墩、鱼凫、郫县古城三座城址的发掘看，城墙由平地
起建，先在墙中间堆筑数层高后，再由两边向中间斜
向堆筑，堆放一大层土即行拍夯，城内侧的斜坡堆筑
层次多，故坡缓；城外侧的堆筑层次少，故坡略陡。

城址的格局因地而异。处在成都平原内部的宝墩
古城最大，城墙圈面积约60万平方米；鱼凫城约40万

平方米；郫县古城约31万平方米。而在成都平原西北
边缘近山地带的城较小，但防卫功能更突出，城墙均
分内、外两圈，呈"回"字形。

　　处在成都平原腹心地带的城址，其中心部位都发
现大型建筑基址。如宝墩古城址中部在一处高出周围
地面的台地上，有房子基槽和密集的柱洞。

　　在郫县古城城址的中心位置也发掘出特大型建筑
"郫县大房址"。建筑与城墙走向一致，面积约550
平方米。在房子里基本等距离地分布着5个用竹编围
成的卵石台基。此房址基本上没有发现多少生活设
施，偌大的建筑物里面只有醒目的5个坛台，显然是
一处大型的礼仪性建筑——庙殿。

　　对这6座古城研究证
明：它们与三星堆遗址的
第一期属于同期文化，它
不仅大大丰富了三星堆一
期的文化内涵，能够再细
分为若干期，并且可与以
三星堆古城为代表的夏商
时期的三星堆文化或古蜀
文明相衔接起来。

　　宝墩文化遗址的生产
工具主要是石器和陶器，
主要以绳纹花边陶、敞口
圈足尊、喇叭口高领罐、
宽沿平地尊为标志。

古蜀文明 指从
远古时期到我国
春秋时期早期，
产生于我国四川
省和重庆市等地
不同于中原文明
却又与中原文明
有着千丝万缕关
系的古文明。目
前留存的遗址主
要有成都金沙遗
址、广汉三星堆
遗址等。

033
文明发祥
长江流域

■ 新石器时代人类
生活复原图

少暤 我国远古时义和部落的后裔，东夷人的首领，我国五帝之一，嬴姓及秦、徐李等数百个姓氏的始祖。传说他的父亲是太白金星，母亲是仙女皇娥，又称"朱帝""白帝""穷桑氏"，在位84年，寿百岁崩，后人尊称为祖先神帝。

《山海经》中记载：

> 东海之外，大壑，少昊之国。少昊孺帝颛顼于此，弃其琴瑟。……长流之山，其神白帝，少昊居之。其兽皆文尾，其鸟皆文首，是多文玉石。实惟员神石鬼氏之宫，是神也，主司反景。

这里的员神石鬼氏即为少暤，它由东方的太阳神变成了落日之神。少暤原来的居住地，在他迁移后，他的余部建立起了少暤之国。

当少暤西迁之后，氏族将原来东方的地名也带到了西方，所以在后代传说中，东西方均有所谓的扶桑、穷桑等地名，这些都与这场氏族大迁移有关。

■ 原始人类生活场景复原图

山东龙山文化中东夷文明与四川盆地宝墩文化尤其是其后续的三星堆遗址文化，见证了我国东部与西部的太阳崇拜文化密切关系，从看似荒诞的神话故事中看到了东夷部族的迁徙，将文明沿黄河跨过中原地区传播到川蜀之地。

据史料考证，少皞部族是由东部沿海迁徙到鲁西南一带，从神话故事里可以看到少皞部族及东夷文明向西的扩展，直至川蜀，停下来并且得到继续的发展，几乎相同的太阳崇拜、鸟图腾、十日传说证明了其传承关系。

■龙山文化红陶鬶

所以，川蜀宝墩文化尤其是三星堆文明应当是山东地区龙山文化东夷文明的传承。

阅读链接

1995年，成都市文物考古研究所、四川大学考古系及日本早稻田大学联合对宝墩村进行考古发掘，短短4个月就有了轰动性的发现：黄土埂子圈起的地方是距今四五千年的古城遗址，散碎的砖瓦器物是蜀地先民早在四五十年前就进入文明的物证，比三星堆和金沙遗址年代还要早，属成都平原古蜀文明的最早阶段。

从此，由四川省成都市文物考古队与四川联合大学考古教研室等单位在新津宝墩、温江鱼凫城、郫县古城、都江堰、芒城，然后又在崇州双河等遗址调查发掘，证实成都平原首次发现了距今四五千年的古城址群。按考古学文化命名规则，专家将这种文化称为"宝墩文化"。

巴蜀文明源头的营盘山文化

　　营盘山文化是发现于四川省阿坝州茂县凤仪镇境内营盘山的一处新石器时代文化，距今约6000年至5500年。该遗址是岷江上游地区发现的地方文化类型遗址中面积最大、遗存最为丰富的遗址，它代表了5000年前藏彝走廊地区文化发展的最高水准。

　　营盘山遗址群不仅将巴蜀文明的历史渊源推进至6000年前；也为

■原始人使用的石斧

■朱砂 在我国古时称作"丹"。东汉之后，为寻求长生不老药而兴起的炼丹术，使我国人民逐渐开始运用化学方法生产朱砂。朱砂的粉末呈红色，可以经久不褪。我国利用朱砂作颜料已有悠久的历史，朱砂"涂朱甲骨"指的就是把牛砒磨成红色粉末涂嵌在甲骨文的刻痕中以示醒目。

探索辉煌的三星堆和金沙文明源头提供了新的线索。

营盘山文化遗址发现的遗物包括四川地区发现的最早的陶质雕塑艺术品，时代最早的人工使用的朱砂，长江上游地区发现的时代最早及规模最大的陶窑址等，它们是研究古代文化传播、民族形成、迁徙、交融以及与成都平原和三星堆联系的桥梁。

营盘山又名红旗山，也称为云顶山，位于茂县县城南方，系岷山山脉老人山在西南麓向岷江河谷延伸部分的二级台地，它南北走向，南窄北宽，形似马蹄。岷江从东北面、背面、西面三面呈几字形将营盘山环抱。

传说很久很久以前，营盘山山脚下老寨沟住着一

巴蜀文明 "巴蜀"是对先秦时期四川境内的概称，商周及其以前，"巴"和"蜀"所代表的是两个不同的地区和国家。"东部为巴，西部为蜀"。公元前316年，秦国分别灭了巴国和蜀国，并设立巴郡和蜀郡。巴国和蜀国的经济文化趋于融合，达到了空前的统一。自此，"巴蜀"合二为一，逐步形成了光耀四方的"巴蜀文明"。

■原始社会时期岩画

个道人，他养了一条石龙，石龙吃的是沙溪的沙水和路边的黑石。老道来了以后，老寨沟就改名叫老道沟了。他的石龙温顺慈爱，经常呼风唤雨为营盘山一带造福。

河的对面是老鸹沟，也有一个道士，养了一条白龙，白龙嫌老鸹沟的螃蟹少，吵着跟道士要饭吃，道士只好打造一个特大号的甑子给它甑饭吃，老鸹沟前面就取名为饭甑子了。

只要白龙喊饿，就兴风作浪，危害一方百姓，下北街一年都要被水淹几回；白龙吃饱喝足后，还经常飞过河与石龙争斗。

有一天，它们约定在龙王庙前决斗，石龙过江后，就留下了一座大水坝。白龙张牙舞爪扑上来，石龙义愤填膺迎上去，两个拼杀得飞沙走石，天昏地暗。

经3天苦战，石龙体力不支，悲壮而亡，龙袍留在老道沟化为龙鳞石，龙角甩向河口化为龙石包，龙身抛在河边化为马脑滩。

而白龙因为作恶多端，被石龙的师父镇压在了营盘山下岷江的江底下。

岷江上游地区共发现80多处新石器时代文化遗址及遗物采集点。其中在营盘山遗址获得了非常丰富的实物资料，发现的新石器时代遗迹包括房屋基址9座、墓葬及殉人坑5座、灰坑80余个、灰沟4条、窑址及灶坑等，还在遗址中西部发现一处大型的类似于广场的遗迹。

其中，灰坑的平面形状有椭圆形、长方形、扇形等种类，一些灰坑底部及四周采用卵石垒砌而成，推测应是进行石器加工的场所或有其他用途。个别灰坑内还发现涂有鲜红色颜料的石块，可能具有某种宗教含义。

而大型广场遗迹的硬土面之下发现有多座奠基性质的殉人坑，表明这里应是举行祭祀等重大活动的场所。

从遗址内发现的相关遗迹和遗物中，可以推测营盘山先民以定居农耕业为主要生活方式。遗址内圆形袋状灰坑应为用于贮藏粮食或其他物品的窖穴，表明当时农产品的数量已较为丰富。

营盘山文化遗址的陶器中有相当数量的酒具类器物，如制作精美的彩陶壶、彩陶瓶、杯、碗等，据此推测营盘山先民可能已掌握了酿酒技术并开始进行生产。

同时，狩猎、采集和捕捞业也是营盘山先民以农耕业为主业的经

■原始氏族生活浮雕

原始文化

新石器时代文化遗址

■ 原始社会的石耜

尚红习俗 中国红作为我国的文化图腾和精神皈依，其渊源追溯到古代对日神虔诚的膜拜。太阳象征永恒、光明、生机、繁盛、温暖和希望。红色是中国人的魂，尚红习俗的演变，记载着中国人的心路历程，经过世代承启、沉淀、深化和扬弃，传统精髓逐渐嬗变为我国文化的底色，弥漫着浓得化不开的积极入世情结，象征着热忱、奋进、团结的民族品格。

济生活的不可或缺的补充内容。岷江弯曲的河道形成了较大面积的回水湾区，河水流速减缓，其中的浅水区域是理想的捕捞作业场所。遗址出土有数量丰富的狩猎所用的石球、磨制精细的石质和骨质箭镞等遗物。

营盘山文化遗址中还有数量众多的细石叶、细石核及小石片石器，质地以黑色及白色半透明的燧石、白色的石英和透明的水晶为主，细石器制作工艺成熟，选材精良。

细石器多为复合工具的组成部分，常用来剥离加工兽皮，细石器工艺与狩猎、畜牧经济有密切联系。另外，遗址中还有亚腰形的打制石网坠，当为捕捞渔业的实物例证。

营盘山遗址的细石器及小石片石器具有地点集中化的特征，未经使用的成品石器、半成品石器和加工残片，多在几处填土呈灰黑色的大型灰坑内出土。

在营盘山遗址的灰坑底部发现有涂抹红色颜料的石块，经测试其成分以朱砂为主，另在部分陶器内壁也发现有同样的红色颜料，应为调色器的遗存。表明营盘山先民有尚红习俗，朱砂的具体用途可能与涂面、刷房等活动有关。这也是目前考古发现的最早使用朱砂涂红的实例。

营盘山遗址的陶器、玉器、石器、骨器、蚌器等类遗物总数近万件。陶器以平底器和小平底器为主，从陶质陶色来看，以夹砂褐陶、泥质褐陶、夹砂灰陶、泥质红陶、泥质灰陶、泥质黑皮陶为主。

其中夹砂陶可分为夹粗砂和夹细砂两种，以陶胎

灰陶 新石器时代出现的一种颜色呈灰色的陶器。陶器的颜色和陶土的成分以及烧成气氛有一定关系。在不同的烧成气氛中，能使陶器呈现各种色泽，灰陶即是在弱还原气氛中烧成的。控制还原气氛，是烧成中比较进步的工艺技术，因此灰陶一般在新石器时代晚期文化中才占主要地位。

文明发祥

长江流域

■原始人生活图

■古陶复原图

夹有颗粒粗大的片岩砂粒的陶片最具特色。其中彩陶器的器形有盆、钵、罐、瓶等，彩陶均为黑彩绘制，图案题材有草卉纹、变体鸟纹、蛙纹等。

人祭制度和猎头习俗是营盘山先民精神生活领域的重要内容之一。在遗址中部地带发现了一处面积不小于200平方米的类似广场的大型遗迹，坚硬的踩踏层之下发掘出4座人骨坑，其中3座均保存有较为完整的人骨架，应是具有奠基性质的人祭坑。

另一座仅见一件人头，该头骨已不见颅顶及上颌部分，剩余颅身及下颌部分，这种现象可能与原始社会常见的猎头习俗有关。在遗址中部偏东的房屋密集区附近也发现有5座奠基性质的人祭坑。

阅读链接　营盘山文化是我国21世纪重大考古发现之一。2000年以来，成都市文物考古研究所会同阿坝州文管所、茂县羌族博物馆等文博部门对岷江上游地区进行全面、细致的考古调查，共发现84处新石器时代文化遗址及遗物采集点。

自2003年开始，在营盘山遗址进行为期3年的正式考古发掘，获得了非常丰富的实物资料，发现了新石器时代遗迹。

发掘结束后，组织各种规模、各种专题的专家论证研讨会，对考古成果进行科学研讨并以权威认证。同时，营盘山遗址申报了该年度全国十大考古新发现，并被省政府列为省级文物保护单位。2006年首个中国文化遗产日，营盘山文化遗址被评为重点文物保护单位。

最古老的稻作河姆渡文化

　　河姆渡文化是发现于浙江省余姚市河姆渡镇金吾庙村的古老而多姿的新石器文化，主要分布在杭州湾南岸的宁绍平原及舟山岛，年代为公元前5000年至公元前3300年。它是新石器时代母系氏族公社时期的氏族村落遗址，反映了7000年前长江流域氏族的情况。

原始人生活场景图

新石器时代文化遗址

■ 原始时期骨耜

河姆渡文化的发现，有力地证明了长江下游地区的新石器文化同样是中华文明的重要渊薮。它是代表我国古代文明发展趋势的另一条主线。为研究当时的农业、建筑、纺织、艺术等东方文明，提供了极其珍贵的实物佐证。

黑陶是河姆渡陶器的一大特色。河姆渡文化在人工制品上，石器数量较少，主要是石斧等打猎所用的工具，也有比较少的装饰品，更多的是木器和骨器。

河姆渡文化的骨器制作比较进步，最具有代表性的是大量农业上使用的耒耜。有耜、鱼镖、镞、哨、匕、锥、锯形器等器物，精心磨制而成，一些有柄骨匕、骨笄上雕刻花纹或双头连体鸟纹图案，就像是精美绝伦的实用工艺品。尤其发现了我国最早的木质饰品"木雕鱼"。

在河姆渡还发现了我国最早的漆器，其陶器制作有一定的水平。稻穗纹陶盆上印有稻穗的图案，弯弯的稻穗图案使人想象到，河姆渡时期的人们已经开始了水稻的栽培。

较为特殊的陶器有陶灶和陶盉两种。陶灶发明后，解决了木构建筑内煮炊防火问题，是后世南方居

笄 我国古代的一种簪子，用来插住绾起的头发，或插住帽子。在我国古代，女子15岁就可以盘发插笄，因此女子15岁就算成年，称"及笄"或"笄年"。最早的笄多为骨器，而且样式繁多。它同时也是一种饰物，说明古人已经开始关注自身的形象。

民一直使用的缸灶的前身。而陶盉则被认为是古代的
一种酒器。

河姆渡文化最重要的是发现了大量人工栽培的稻
谷，遗址中有大量的稻壳，总量达到150吨之多，在
已经炭化的稻壳中可以看到稻米，分析的结果确认这
是7000年前的稻米。这是世界上最古老、最丰富的稻
作文化遗址。

水稻的栽培，使社会上大量的余粮囤积成为可
能，随之而来的是贫富差别的出现，因此文化的发展
也进入了新的阶段。

河姆渡遗址发现的稻谷数量之多、保存之完好，

文明发祥

长江流域

■原始人生活图

■ 河姆渡人生活场
景图

干栏式建筑 在木柱或竹柱底架上建筑的高出地面的房屋。我国古代史书中又有干栏、干兰、高栏、阁栏和葛栏等名，当是由其他少数民族语言转译而来的音变。此外，一般所说的栅居、巢居等，大体所指的也是这种干栏式建筑。主要分布于我国的长江流域以南和黑龙江省北部等地。

在世界上是绝无仅有的。它的发现，不但改变了我国栽培水稻从印度引进的传说，甚至还可以依此认为河姆渡可能是我国乃至世界稻作文化的最早发源地。

河姆渡文化的社会经济除了以稻作农业为主外，还兼营畜牧、采集和渔猎。在遗址中除稻谷、谷壳、稻秆、稻叶等作物遗存，还有其他许多植物遗存，如橡子、菱角、桃子、酸枣、葫芦和薏仁米与藻类植物遗存。

河姆渡遗址的动物遗存有羊、鹿、猴子、虎、熊等野生的，以及猪、狗、水牛等家养的牲畜。最具代表性的农具"骨耜"即采用鹿和水牛的肩胛骨加工制成。

骨耜通体光滑，有的刃部因长久与土壤摩擦而残缺或形成双叉、三叉式。这是一种很具特色的农业生产工具。这种制作方法为河姆渡文化遗址所特有。

河姆渡遗址共有骨耜170件之多，与数量巨大的稻谷堆积物相对应，说明河姆渡农业已从采集进入耜耕生产阶段。

遗址中所发现的柄叶连体木桨，证明那时已有舟楫的使用了，除用于交通外，可能也在渔猎活动中乘用。

河姆渡文化时期人们的居住地已形成大小各异的村落。在村落遗址中有许多房屋建筑基址。但由于该地是属于河岸沼泽区，所以房屋的建筑形式和结构与中原地区和长江中游地区发现的史前房屋有着明显的不同。

河姆渡文化的建筑形式主要是栽桩架板高于地面的干栏式建筑。

■原始人生活场景图

干栏式建筑是我国长江以南新石器时代以来的重要建筑形式之一，以河姆渡发现最早。它与北方地区同时期的半地穴房屋有着明显差别，成为当时最具有代表性的特征。

河姆渡遗址中的许多桩柱、立柱、梁、板等建筑木构件和加工成的榫、卯、企口、销钉等，显示了当时木作技术的杰出。

柱子两端凸出的小方形称为榫、柱上凿出可将榫插入的孔为卯。在垂直相交的构件接点上，使用榫卯结构技术。把我国出现榫卯木作技术的时间从金属时代前推了3000多年。

遗址中所发现的企口板、销钉孔两种木构衔接法，令人惊叹不已，至今仍为木工工艺所沿用。河姆渡遗址的建筑技术，可说已为我国木结构建筑打下了基础。

根据木桩的排列与走向分析，当时的房屋呈西北、东南走向。房

原始人生活场景图

■ 埙　我国最古老的吹奏乐器之一。相传埙起源于一种叫作"石流星"的狩猎工具。古时候，人们常常用绳子系上一个石球或者泥球，投出去击打鸟兽。有的球体中间是空的，抡起来一兜风能发出声音，后来人们觉得挺好玩，就拿来吹，于是这种石流星就慢慢地演变成了埙。埙音色古朴醇厚、低沉悲壮，极富特色。

子的门开在山墙上，朝向为南偏东。它在冬天能够最大限度利用阳光取暖，夏季则起到遮阳避光的作用，因而被现代人所继承。

　　河姆渡时期的房屋建筑布局合理、设计科学、充分利用自然地理条件，使之有利于人类的生活和居住。

　　除建筑外，在遗址中还发现了最早的水井遗迹。河姆渡文化时期，居址周围河沼遍布，但水体与海水相通，致使盐分升高、苦卤而不堪饮用。所以水井的出现是人类为提高生活质量所作的努力，是人类本质所导致的。

　　河姆渡遗址中的纺轮、两端削有缺口的卷布棍、梭形器和机刀等，据推测这些可能属于原始织布机附件，显示新石器时代人们已经发明了原始的机械。

　　河姆渡遗址中相当多的骨哨，是一种乐器，也是一种狩猎时模拟动物声音的狩猎工具。

　　陶埙也是河姆渡的代表遗物，埙身呈鸭蛋形、中空，一端有一小吹孔，也是我国一种古老的乐器，只是河姆渡的陶埙只有吹孔而无音孔，可见它的原始。

　　河姆渡遗址的原始艺术品不仅数量大，而且题材广，造型独特，内容丰富多彩。主要表现在象牙雕刻、陶器纹饰上面，尤其是一些象

稻穗纹陶钵

牙雕刻器，线条流畅，造型美观，令人叹为观止。

人体装饰品有璜、管、珠、环、饼等，其中珠、环等饰品大多用玉和萤石制成，在阳光下闪烁着淡绿的光彩，晶莹美丽。还有一些以兽类的獠牙或犬牙、鱼类的脊椎骨制成的装饰品。

河姆渡遗址充分显示出我国南方长江流域在新石器时代中期文化的发展不亚于华北的文化，这可证明我国文化其实是多元发展，各有特色的。

河姆渡文化遗址在宁绍平原共有49处，其中以姚江两岸最密集，共有31处，重要遗址有余姚市丈亭镇鲻山遗址、三七市镇田螺山遗址、宁波江北区傅家遗址。

阅读链接

1976年，国家文物局、浙江省文化局在杭州召开"河姆渡遗址第一期发掘工作座谈会"，与会专家学者认为河姆渡遗址的发现，证明在7000年前长江流域同样有着繁荣的原始文化，与黄河流域一样都是中华民族远古文化的发祥地，它是新中国成立以来最重要的考古发现，一致同意了对"河姆渡文化"的命名。

1977年至1978年第二次对河姆渡遗址作发掘并获得一批研究资料。据放射性碳素断代，年代约为公元前5000年至前3300年。河姆渡文化分早、晚期。早期为约公元前5000年至前4000年。晚期为约公元前4000年至前3300年。

太湖流域源头的马家浜文化

    马家浜文化是发现于浙江省嘉兴市马家浜的新石器时代文化。主要分布在太湖地区，南达浙江的钱塘江北岸，西北到江苏常州一带。据放射性碳素断代并经校正，年代约始于公元前5000年，距今7000余

■ 原始人狩猎图

原始人生活图

年的历史，到前4000年左右发展为崧泽文化。

马家浜文化及其后续的崧泽文化和良渚文化的发现与确立，表明我国太湖地区的新石器文化源远流长、自成系统，并具有鲜明的地域特色。这证明了长江流域和黄河流域同是中华民族文化起源的摇篮。

马家浜遗址位于嘉兴县西南，表土层下文化层分上下两层：

上层以灰黑色黏土为主，并有红烧土层和淤泥层，包含物有兽骨、石锛、砺石、骨镞和各种质地的陶片，还有建筑遗迹，建筑夯土中伴有印纹陶、原始青瓷、红陶、黑陶和石器、铜镞、玉璜等，最晚的是印纹陶和原始陶。

下层为含有大量腐烂的兽骨碎片的黑色黏土，包含的兽骨比上一层更多，还有骨管、骨锥、骨针、骨镞以及石斧、砺石和陶片等。

在马家浜遗址上下层交接处的淤泥中发现了墓葬，墓葬中有30具人骨架，其中6具身旁伴有随葬品，生产工具置于腰部，装饰品置于头部，陶器位置不一。

从墓葬中的器物和各种遗迹来看，马家浜文化确实是一种与黄河流域原始文化不同的文化形态。

马家浜文化遗址除了马家浜之外，还有余杭吴家埠遗址、常州圩墩遗址等地，这些文化遗址有力地证实了马家浜文化是长江中下游、环太湖流域新石器时代早期文化代表。由此，将马家浜文化扩展至太湖地区，南达浙江的钱塘江北岸，西北到江苏常州一带的广大地区。

马家浜文化居民主要从事稻作农业，多处遗址中出土了稻谷、米粒和稻草实物，经鉴定，已普遍种植

玉璜 我国古代玉器。形体可分两种，一种是半圆形片状，圆心处略缺形似半璧；另一种是较窄的弧形。一般玉璜在两端打孔，以便系绳佩戴。是一种礼仪性的挂饰。每当进行宗教礼仪活动时，巫师就戴上它，显示出巫师神秘的身份。并且每一个上面都刻有或繁或简的神人兽面图像。

■原始人打制石器图

骨镞 新石器时代常用的狩猎工具，分斜铤式、柳叶式和圆铤式三种。斜铤式锋长而粗壮，锋端尖锐，铤部加工成斜面，以便绑扎箭杆。柳叶式骨镞是管状骨破条制成，锋部宽扁，装箭杆方式为铤部嵌入箭杆再捆绑加固。圆铤式骨镞的锋部如子弹形，锋、铤分界处起脊，锋部略残，装箭杆方法嵌入式。

籼、粳两种稻。罗家角第三、四层出土的粳稻，年代在公元前5000年左右，是我国发现的最早的粳稻遗存。

马家浜文化的居民还饲养猪、狗、水牛等家畜。草鞋山遗址中发现的狗的头骨，介于狼和现代狗之间，说明狗是从狼驯化而来，在这时已经成为家畜。

渔猎经济也在马家浜文化时期占重要地位，遗址中常发现骨镞、石镞、骨鱼镖、陶网坠等渔猎工具，以及陆生、水生动物的遗骸。骨镞以柳叶形的居多，十分尖锐锋利。

在一些遗址中还发现有野生的桃、杏梅的果核和菱角等，这些是人们从事采集活动的例证。

在草鞋山遗址发现了公元前4000多年的5块残布片，经鉴定，原料可能是野生葛。花纹有山形斜纹和菱形斜纹，组织结构属绞纱罗纹，嵌入绕环斜纹，远比普通平纹麻布进步。这是我国最早的纺织品实物。

遗址多处房屋残迹已有榫卯结构的木柱，在木柱间编扎芦苇后涂上泥，就成了墙；用芦苇、竹席和草束来铺盖屋顶；居住面经过夯实，内拌有砂石和螺壳；有的房屋室外还挖有排水沟。

马家浜文化多红色陶器，腰

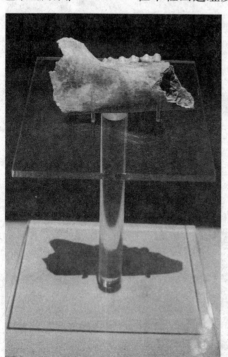

■ 原始猪牙床骨

檐陶釜和长方形横条陶烧火架炉算是马家浜文化独特的炊具。但是马家浜文化制陶业的发展还处于比较落后的阶段。

原始陶器

马家浜文化在手工业生产中，玉石器制造技术发展较快，许多遗址都发现了制作精美的玉器，这一时期的玉器工业发展，为其后崧泽文化和良渚文化玉器的辉煌成就奠定了基础。

例如马家浜遗址的玉玦呈淡褐色，圆管形，顶部有缺口，可夹于耳垂作装饰之物。另外还有青灰色的，也是圆管形，顶部也有缺口。

同时，在马家浜遗址还发现了几件残缺的玉璜，也都表现出古朴而精美的特质。

阅读链接

1959年初春，嘉兴南湖乡天带桥马家浜地方在沤肥挖坑中发现大量兽骨和古代遗物。浙江省文物管理委员会组成考古队进行了发掘。发现有与邱城下层同类的遗物并有房基、墓葬等遗迹。

马家浜遗址的发掘，引起了国内外考古界的重视。1959年，新华社发布了消息，并记入《中华人民共和国要闻录》。

1977年在南京召开的长江下游新石器时代学术讨论会上，夏鼐等考古学家认为长江流域和黄河流域同是中华民族文化起源的摇篮，并确认嘉兴马家浜遗址为代表的马家浜文化是长江下游、太湖流域新石器时代早期文化的代表，从此，马家浜文化正式定名。

马家浜文化已载入《大不列颠百科全书》《中国大百科全书》，确定了它在史前文化考古中的地位。

中华文明曙光的良渚文化

　　良渚文化遗址发现于浙江省杭州市余杭区，实际上是余杭的良渚、瓶窑、安溪三镇之间许多遗址的总称。属于新石器时代，存续时间为距今5300年至4200年前，分布的中心地区在太湖流域，而遗址分布最密集的地区则在太湖流域的东北部、东部和东南部。

　　良渚文化发展分为石器时期、玉器时期和陶器时期。玉器是良渚先民所创造的物质文化和精神文化的精髓，也是良渚文化遗址最大特色。刻画在出土器物上的"原始文字"被认为是我国成熟文字的前奏。可以说，中华文明的曙光是从良渚升起的！

　　良渚、瓶窑两镇的良渚遗址的陶器中有引人注目的黑陶，与山东的黑陶相类似，但是，良渚遗址中的黑陶干后容易褪色，也没有标准的龙山文化中的蛋壳黑陶，在陶器、石器的形制上有其自身的特点。

　　良渚文化的重点遗址除了良渚、瓶窑、安溪之外，还有江苏吴县草鞋山和张浦张陵山、武进寺墩，浙江嘉兴雀幕桥、杭州水田畈，上海市上海县马桥、青浦区福泉山、浙江余杭莫角山等。

■ 良渚文化玉琮

良渚文化大体可分为早、晚两期。早期以钱山漾、张陵山等遗址为代表。晚期以良渚、崔幕桥等遗址为代表。

良渚文化的陶器，以夹细砂的灰黑陶和泥质灰胎黑皮陶为主。轮制较普遍。一般器壁较薄，器表以素面磨光的为多，少数有精细的刻画花纹和镂孔。圈足器、三足器较为盛行。代表性的器形有鱼鳍形或断面呈丁字形足的鼎、竹节形把的豆、贯耳壶、大圈足浅腹盘、宽把带流杯等。

石器磨制精致，新出现三角形犁形器、斜柄刀、"耘田器"、半月形刀、镰和阶形有段锛等器形。

良渚墓葬中有大量随葬品，其中玉器占90%以上，象征财富的玉器和象征神权、军权的玉琮、玉钺，为研究阶级的起源提供了珍贵的资料，使一些原被误认为是"汉玉"而实际上是良渚玉器的历史推前

玉琮 我国古代的一种内圆外方筒形玉器，是古代人们用于祭祀神的一种法器。最早的玉琮见于安徽潜山薛家岗第三期文化，距今约5100年。至新石器时代中晚期，玉琮在江浙一带的良渚文化、广东的石峡文化、山西的陶寺文化中大量出现，尤以良渚文化的玉琮最发达，出土与传世的数量最多。

■ 平底弦纹陶罐

漆器 我国古代在化学工艺及工艺美术方面的重要发明。生漆是从漆树割取的天然液汁，主要由漆酚、漆酶、树胶质及水分构成。用它作涂料，有耐潮、耐高温、耐腐蚀等特殊功能，又可以配制出不同色漆，光彩照人。在我国，从新石器时代起就认识了漆的性能并用以制器。历经商周直至明清，我国的漆器工艺不断发展，达到了相当高的水平。

了2000多年。

　　良渚文化遗址中的丝织品残片，是先缫后织的，这是我国发现最早的丝织实物，其中一块距今4700年至5200年的丝绢堪称"世界第一片丝绸"。

　　钱山漾遗址是有机质文物最丰富的良渚文化遗址，发现的家蚕丝织物是我国年代最早的家蚕丝织物，丝织物平纹结构、密度体现出良渚文化时期纺织技术已达到很高的水平，对研究良渚文化社会、经济生活具有很重要的价值。

　　良渚文化所处的太湖地区是我国稻作农业的最早起源地之一，在众多的良渚文化遗址中，普遍发现较多的石质农具，表明良渚文化时期的农业已由耜耕农业发展到犁耕农业阶段，这是我国古代农业发展的一大进步。

　　良渚文化时期农业的发展，带动了当时生产力的高度发展，更促进了手工业的发展，因而，制陶、制玉、纺织等手工业部门从农业中分离出来，尤其是精致的制玉工艺，表现了当时手工业高度发展的水平。

其他诸如漆器、丝麻织品、象牙器等，也均表现出当时生产力的一定程度的先进性及其所孕育的文化内涵。

我国远古社会的玉器制造业，到龙山文化时期已相当发达，各地普遍发现了造型美观、制作精巧的玉器。在中原地区进入夏王朝统治之际，良渚文化的玉器在我国大陆成为首屈一指的工艺品，并成为商周礼器的一个渊源。

良渚文化玉器散布地点多，分布面广，尤以杭嘉湖地区最为集中。仅浙江的吴兴、余杭等8县市，就有20多处遗址发现过玉璧和玉琮。青浦福泉山发掘的7座墓，随葬品共600多件，其中玉器就有500件以上。

余杭县反山氏族墓地是良渚文化中期的遗存，时代在公元前3000年，墓葬中各种玉器占全部随葬品总数的90%以上，11座墓中计出土3200余件，其中有一座墓随葬玉器达500多件。

良渚文化的玉器制造业，承袭了马家浜文化的工艺传统，并吸取了我国北方大汶口文化和东方薛家岗文化各氏族的经验，从而使玉器

头盖骨碗

制作技术达到了当时最先进的水平。

反山墓地出土的玉器有璧、环、琮、钺、璜、镯、带钩、柱状器、锥形佩饰、镶插饰件、圆牌形饰件、各种冠饰、杖端饰等，还有由鸟、鱼、龟、蝉和多种瓣状饰件组成的穿缀饰品，由管、珠、坠组成的串挂饰品，以及各类玉珠组成的镶嵌饰件等。

值得注意的是，同一座墓的玉器，玉质和玉色往往比较一致，尤其成组成套的玉器更为相近。选料有时是用同一块玉料分割加工而成的。

反山墓地出土的玉器中有近百件雕刻着花纹图案，工艺采用阴纹线刻和减地法浅浮雕、半圆雕以至通体透雕等多种技法。图案做工非常精细，有的图案在一毫米宽度的纹道内竟刻有四五根细线，可见当时使用的刻刀相当锋锐，工匠的技术也是相当熟练的。

良渚文化大至璧琮，小至珠粒，均精雕细琢，打磨抛光，显示出良渚文化先民高度的玉器制造水平。

玉器的图案常以卷云纹为地，主要纹饰是神人兽面纹，构图严谨和谐，富有神秘感。

与反山氏族墓地相距不远的瑶山氏族墓地，也发现了大量精美玉器。这个墓地的玉器与反山所出大多

■璧 我国古代的一种器物名，一般为玉质，也有用琉璃质的。璧的形状通常呈扁圆形，中心有一圆孔，但也有出廓璧，即在圆形轮廓外雕有龙形或其他形状的钮。据古文献记载和后人推测，璧的用途很多。一为祭器，用作祭天、祭神、祭山、祭海、祭河、祭星等。二为礼器，用作礼天或作为身份的标志。三为佩饰。四作砝码用的衡。五作辟邪和防腐用。

相像，但十几座墓葬中均未出土玉璧，表现了两个相邻氏族在习俗上的区别。瑶山的一座墓中出土了玉匕和玉匙，是良渚文化首次见到的珍贵餐具。

良渚文化的玉器，以其数量多、质量高而超越同时期其他地区玉器制造业，充分说明玉器制作已经成为专业化程度很高的手工行业，从一个侧面反映出长江下游三角区四五千年前的物质生产水平是比较发达的，为吴越经济区早期国家的出现准备了条件。

根据玉器出土的情况，可以看出当时石器制作技术同样高超。制造石器的工匠们已经完全掌握了选择和切割石料、琢打成坯、钻孔、磨光等一套技术。

良渚文化晚期，已进入中原夏王朝统治时期。受到中原文化的影响，长江下游地区的各氏族部落在政治、经济、军事各个领域也都发生了巨大的变革，一些相对独立的"王国"可能已经存在。

例如余杭莫角山大型建筑遗址，显然与国家的礼制有关。说明历史上所说夏禹在会稽召集天下各部族首领聚会，"万国"赴会，是有一定根据的。

尤其是良渚遗址的核心区域有一座290多万平方米的5000年前的古城。这是我国长江中下游地区首次发现同时代我国最大的良渚文化

夏禹 姒姓夏后氏，名文命，字高密，号禹，后世尊称大禹，夏后氏首领，传说为黄帝轩辕氏第六代玄孙，因治黄河水患有功，受舜禅让继帝位。禹是夏朝的第一位天子，因此后人也称他为夏禹。他是我国传说时代与尧、舜齐名的贤圣帝王，他最卓著的功绩，就是历来被传颂的治理滔天洪水，又划定我国古代国土为九州。

■良渚文化玉钺

061

文明发祥

长江流域

神面纹琮

时期的城址，可称为"中华第一城"。

　　良渚古城的发现，改变了良渚文化文明曙光初露的原有认识，标志5000年前的良渚文化时期已经进入了成熟的史前文明发展阶段。

　　良渚文化遗址作为我国史前良渚文化的政治、经济、文化和宗教中心，堪称实证中华五千年文明史的圣地。

原始文化

新石器时代文化遗址

阅读链接

　　良渚遗址于1934年被发现于浙江省杭州市余杭区的良渚、瓶窑两镇。1936年，发掘了具有代表性的良渚遗址。良渚的陶器中有引人注目的黑陶，当时被认为与山东的黑陶相类似，因此，也称作龙山文化。

　　1939年，有人把龙山文化分为山东沿海、豫北和杭州湾三区，并指出杭州湾区的文化与山东、河南的有显著区别。1957年，有人认为浙江的黑陶干后容易褪色，没有标准的蛋壳黑陶，在陶器、石器的形制上有其自身的特点，于1959年提出了良渚文化的命名。

　　1986年和1987年，从良渚墓葬中出土大量随葬品，其中玉器占90%以上。从而使世界上许多大博物馆对旧藏玉器重新鉴定、命名。

　　1996年，良渚文化遗址被国务院列为全国的重点文物保护单位，1994年和2006年两次入选中国政府申报联合国教科文组织的《世界遗产目录》预备清单，2012年被第三次列入预备名单。

彰显上海历史的马桥文化

　　马桥古文化发现于我国上海闵行马桥镇东俞塘村，但它特指的是位于马桥文化遗址中层的新石器时代末期文化，它是太湖地区一个典型的古文化遗存，1982年被定名为"马桥文化"。

　　马桥遗址的发现，为论证上海的历史提供了科学依据，为推断上海的成陆年代提供了珍贵史实，它在我国考古史上占有重要的地位。

　　从年代上来讲，马桥文化紧接着良渚文化，但文化面貌上截然不同。马桥文化继承了少量良渚文化的文化因

马桥文化陶鼎

印陶文化 陶器的发明是农耕文化发展到一定阶段的产物，是我国人类发明史上的重要成果之一，是灿烂的中华古代文化的重要组成部分。最初陶器的成型基本上采用手制，素面无印纹，晚期出现轮制，器表除素面或磨光外，纹饰有弦纹、绳纹、划纹，附加堆纹和镂孔等，称为印陶文化。

素，但是典型的良渚文化因素在马桥文化中不占主导地位。

马桥遗址坐落在一道被称为"竹冈"的贝沙堤之上，呈南北长、东西窄的宽带形状，是最大的含马桥文化内涵的遗址。马桥古文化遗址含3层不同时代的文化遗存：

上层为春秋战国时代印陶文化遗存；中层为大量商代石、骨、陶器，为太湖地区早期印陶文化的典型遗存，即马桥文化；下层发现新石器时代建筑遗迹和墓葬，为距今4000年的良渚文化遗迹。其中以中层的马桥文化遗存最为丰富。

马桥文化遗址发现了各时期的陶瓷器、石器、骨角器、青铜器等，而且还有鹿角等大量的动物遗骸。

马桥文化遗址的发现，不仅能使人们比较全面地认识马桥文化，推动环太湖地区古代文化研究的深入，而且还有利于夏商时期中原与周边地区文化比较研究，对探讨长江流域文化进程具有重要的意义。

文化遗存下面还有一条贝壳沙带，说明遗迹所在地是古代海岸。这对于研究上海地区古海岸位置和成陆年代具有重要意义。

马桥文化时代地处西周印纹

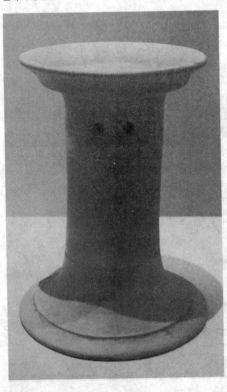

■ 原始时期陶豆

陶遗存之下，而叠压于良渚文化层之上，其时代应早于西周而晚于良渚文化，距今为3000余年。

马桥文化可能是起源于良渚文化而接受了南方印纹陶和中原地区文化影响的文化遗存。生活用具中炊器多为鼎，泥质黑衣灰陶，质软而细腻，陶衣容易脱落，制法多用轮制；生产工具如有段石锛、三角形石犁、石镰和石耘田器等，都与良渚文化的特征基本相同。

石器中，除了柳叶形或菱形带铤或带翼的石镞外，还出现大量的扁平三角形石镞。

马桥文化遗址遗物中的陶器如瓠、觯、尊、豆、簋、瓦足盘以及拍印的云雷纹等特点，与中原地区河南偃师二里头、郑州二里岗的夏商文化有紧密的联系，其年代应相当于夏商时代。

马桥文化陶器有三大陶系。夹砂绳纹或篮纹红陶约占四分之一，器形主要是鼎足，有凹弧形、圆锥形和舌形3种。其次为鬲和釜，鬲是连成一体的甑和鼎的组合，炊器中鬲一件未见。

呈各种陶色的印纹陶约占40%，纹饰有脉纹、篮纹、席纹、方格纹、回字纹、云雷纹等，器内壁都留

■ 觯　我国古代礼器中的一种，做盛酒用。流行于商朝晚期和西周早期。商朝时，觯为小瓶形状，大多有盖子，圆腹，侈口，圈足。西周时出现方柱形的觯，春秋时演变成长身，侈口、圈足觯，形状像瓠。

有填印窝；底部都是圆底内凹，有折沿弧腹的罐和盆、带圆把的杯和鸭形壶等器形。

在这些器物的唇沿上，有的注有一个或数个相同的刻画符号。灰陶、黑衣陶和黄衣灰陶，约占33%。都是平底或圈足器，器唇以素面为主，有的在肩腹部压印一条带形的云雷纹或鱼鸟纹，器形有瓿、觯、尊、豆、簋、瓦足盘、袋足盉和澄滤器等。

上列各陶系陶器的制法，前两种为泥条盘筑法加轮修，后一种为轮制。

马桥文化有一个奇特的返祖现象，那就是在马桥文化遗址中，没有发现在其他地区良渚文化晚期出现的许多耗工费时的稀世珍品，包括玉器，带细刻图案的陶器、象牙器，而遗存的只是粗陋的陶器杂件。

同时，作为马桥文化原始文字的形器结构和表意方式，比上距千年的良渚文字更为简单。

这种现象，除社会发展因素外，很大程度是受生态环境的影响。新石器晚期气候变暖，海平面上升，致使发生一次大规模的海侵。沿海先民不得不离开故土，远走他地。这一地区众多聚落荒废，人大批死亡，马桥文化突然衰落，与良渚文化传统渊源相中断。

■印纹硬陶坛

研究成果表明，马桥文化来源于浙西南山地的原始文化，同时它还包含了山东地区的岳石文化、中原地区的二里头文化因素。对照中原地区的王朝序列，马桥文化的年代大致与中原的夏和商相当。

阅读链接

1959 年，马桥文化遗址开始发掘，其面积为10000余平方米。该遗址发现了大量的古代石器、陶器和鹿角等。1993年至1997年再次发掘，又获得了丰富的资料，成为迄今已知最大的含马桥文化内涵的遗址。

马桥发掘报告系统、完整地整理、发表了这批资料，其中包括新石器时代良渚文化遗存、夏商时期马桥文化遗存和春秋战国至宋元时期遗存，以马桥文化遗存最为丰富。

2004年底至2005年春，为配合省道改线工程，由浙江省文物考古研究所和平湖市博物馆组成联合考古队，对工程涉及的图泽遗址进行了抢救性考古发掘。

图泽遗址的发掘，除了发现了崧泽文化的堆积和良渚文化的墓地之外，重要的是发现并确认了马桥文化的堆积。图泽遗址马桥文化遗存的发现，是马桥文化考古发掘研究的一个重要收获，同时也为我们进一步研究平湖地区史前历史提供了不可多得的资料。

东南沿海的跨湖桥文化

　　跨湖桥文化发现于浙江省萧山区，是我国乃至世界的优秀文化遗产，也是萧山人民引以为傲的宝贵财富，它创造了世界上最早的独木舟、世界上最早的漆弓等多个"文化之最"，有着8000年的历史，它将浙江的文明史整整向前推进了1000年。

■原始人生活复原图

■ 原始人生活复原图

萧山区位于钱塘江南岸，属古越地。公元2年建县，称余暨，东吴黄武年间改为永兴。相传越王为强大的吴国所逼迫，只剩少数兵卒驻留在县西一里的西山上，四顾萧然，所以称该山为萧山，又叫萧然山，萧山区名由此而来。

萧山中部，有一个著名的湖泊，叫湘湖。湘湖的南、北部还有相互通连的两个湖泊，为临浦和渔浦。人类在此生存繁衍，治水防涝是不可少的。

湘湖成湖于宋代，由于长期湖底淤泥沉积，遗址表土厚达三四米，因而遗址内的文物保存比较完整。

跨湖桥遗址600多平方米，文物无数，包括陶器、石器、木器、骨角器、人工栽培水稻等文化以及非常丰富的动物遗骨。还发现了建筑遗迹、灰坑等。经测定，在8000年至7000年间。

跨湖桥遗址中还发现了独木舟及与其相关遗迹。

漆弓 我国古代兵器。弓身用竹子制成，中间一段由4层竹片叠合而成，外缠胶质薄片，再用蚕丝绕紧，表面涂漆。其所用材料和结构与古籍记载的制弓需用的干、角、筋、胶、丝、漆六材吻合。且中部向内弯，说明工匠已懂得预应力的应用。与单体弓相比，复合漆弓的弹性更好。弓为远射兵器，它利用弹力的作用原理，获得远超过投掷性武器数倍的力量与射程。

年代约在8000年前,是我国发现最早的独木舟及相关遗迹。

跨湖桥文化与河姆渡文化、良渚文化、马家浜文化等形成一个系列,把浙江文明史前移了1000年,杭州也因此成为中华文明的发祥地之一。

湘湖地区的跨湖桥文化遗址中,以釜、钵、圈足盘、罐为代表的陶器群,不见于江南其他新石器遗址出土的特殊性器物如线轮等,都说明了跨湖桥文化类型的独特性。其中出土的陶器,甚至比晚了1000年、百里之外的河姆渡更为先进。

跨湖桥文化共创造了"十个之最",除了世界上最早的独木舟之外,还包括世界上最早的漆弓、我国最早的"草药罐"、我国最早的慢轮制陶技术、我国最早的水平踞织机、我国最早的甑、长江下游地区最早的栽培稻、江南地区最早的席状编织物、中国南部地区最早的彩陶、中国南部地区最早的家猪,使萧山拥有了8000年人文历史底蕴。

早在8000年前,跨湖桥先民就在萧山这片神奇的土地上,用勤劳和智慧谱写了光辉璀璨的史前文明,因此跨湖桥文化是我国乃至世界的优秀文化遗产,也是萧山人民引以为傲的宝贵财富。

阅读链接

1990年,萧山市文物管理委员会,在湘湖区域的城厢砖瓦厂取土工地发现了一处史前遗址,由于遗址的位置处在古湘湖中的跨湖桥畔,就把遗址定名为"跨湖桥遗址"。

2004年,北京大学文博学院教授、中国考古学会副理事长、国家文物局专家组成员严文明代表参加"跨湖桥遗址考古学术研究会"的北京大学、浙江大学等8所大学以及中国社会科学院考古研究所、故宫博物院等11家权威的博物馆和考古研究机构的35位专家学者,宣布跨湖桥遗址所代表的文化类型为我国东南沿海地区一种独立考古学文化——跨湖桥文化。

黄河自古就被称为中华民族的"母亲河"，沿河两岸生活着勤劳勇敢的中华民族优秀儿女，他们在生产和生活中孕育了深厚广博的中华文明。因此，黄河流域的原始文化在中华文明史上占据着十分重要的地位。

黄河流域最著名的原始文化有仰韶文化、马家窑文化、大汶口文化、龙山文化、裴李岗文化、大地湾文化、齐家文化等，它们构成了从新石器时代到阶级社会的一个完整的体系。

民族摇篮

黄河流域

分布非常广泛的仰韶文化

仰韶文化主要存在于河南省三门峡市渑池县仰韶村，是我国黄河上游地区重要的新石器时代文化。仰韶文化的持续时间在公元前5000年至公元前3000年，分布在整个黄河上中游地区。

从甘肃省到河南省之间，已发现了几千处仰韶文化的遗址，其中以陕西省为最多，它们约占全国仰韶文化遗址数量的40%，是仰韶文化的中心。

■仰韶杯口红陶尖底瓶

仰韶文化自公元前5000年左右，持续了2000多年的时间，我国历史上的传说时代，史书记载的炎帝和黄帝等著名部族的外会生活和文化生活，都可以从仰韶文化的研究中去探索。仰韶文化分布广泛，历史悠久，内涵丰富，影响深远，是我国黄河流域华夏文化的主要代表。

■ 仰韶骨镞

河南省三门峡市渑池县东北的仰韶遗址位于洛阳市以西，仰韶村北面不远处是属于崤山山脉的韶山，这大概就是仰韶村名的由来。

传说六七千年前，人类还群集在那深山密林的石洞里，过着捕猎采果的生活。山上的猎物和野果越来越满足不了他们的生活需要，他们便慢慢地走出了山。

崤山山脉韶山峰下，有一片沃野，南临黄河，北临韶山，草木丛中野果累累，鸟儿在空中飞高飞低，走兽在林里窜来窜去，真是一片富饶美丽的好地方。从山上下来的人，有个叫陶的族长，带领族人来到了这块地方。

起初，大自然的丰富物资，足以让他们过着捕猎摘果的美好生活。后来人越来越多了，大自然的财富维持不了生活，他们于是披荆斩棘以开垦田地耕种，并且开始了猎物捉鸟养畜放牧的新生活。

黄帝 与炎帝并称为中华始祖，我国远古时期部落联盟首领，五帝之首。本姓公孙，长居姬水，因改姓姬，居轩辕之丘，故号轩辕氏。出生、建都于有熊，故亦称有熊氏，因有土德之瑞，故号黄帝。黄帝在位时间很久，其间政治安定，文化进步，国势强盛，有许多发明和制作，如文字、音乐、历数、宫室、舟车、衣裳和指南车等。他以统一中华民族的伟绩载入史册。

骨匕

有一年秋天，秋风瑟瑟，大雨连绵不断地下。那风像猛兽一样不断地撕去他们赖以生存而用树枝搭起的篷子，薅掉辛勤耕种的庄稼，卷走日夜相伴的牛羊。

雨后，大地被洪水冲出道道沟壑，人们只好在这沟壑上覆盖厚厚的树枝茅草，住在下面用来避风驱寒。

一天，陶在巡视族人们的生活时，发现这些居住在沟壑茅草棚下的人，冬天雪透，夏日雨浸，不少因潮湿而得病。他想：要是在干燥的地方挖洞开穴，再用茅草盖顶，那一定会更好些。于是在陶的带领下，大家轰轰烈烈地干了起来。

漫长的辛勤劳动，使他们发明了不少劳动工具，陶把这些经验积累起来，磨出了各种各样的石器：石斧、石锥、石凿、石碗等。

同时，漫长的生活需要他们将猎物的骨头磨制成骨针、骨锥、骨筷等，用树皮、兽皮、毛草拧成了各种长短粗细不等的绳子。锥和绳子的出现使人们披上了蓑衣，穿上了兽皮。

　　长期没有发生过战争，社会经济不断得到发展。各族人之间和平相处，平等相待。从而出现了劳动工具、驯服饲养的家畜、猎物和粮食的交流和交换。

　　生活需要储存粮食、干肉和果品，于是他们用土和泥制成各种各样储物器，在太阳下晒干使用，这种泥器成为他们当时较为广泛使用的生活用品之一。

　　一天黄昏，灾祸突然降临，刹那间，狂风大作，天昏地暗。原来还没来得及熄灭的烤肉火堆被风吹散开来，燃着了杂草、树木、庄稼和茅棚，一会儿成了一片火海。大火之后，树上的果子没了，只留下枯干残枝；田野的庄稼没了，只留下片片灰烬。

■仰韶五叶彩陶

　　不幸的遭遇中，陶却发现了一个奇迹：那晒制的用泥做的储器，比原来坚硬得多，敲起来清脆悦耳，尤其是放在穴里的更好。于是，他就带领族人掘洞建窑试烧这种坚硬的

■ 仰韶白衣彩陶钵

储物器。

　　陶带领族人亲自试烧。他把晒干的各种泥制品放进掘好的窑洞里，用木材架起来烧。一天又一天，一窑又一窑，但不是烧焦，就是烧流，或是半生半熟。整整3年这位老人都是在火海里折腾，发须被烤焦了许多卷儿，透红的脸庞让火炙了许多黑硬的斑。

　　一天，大家都去睡了，陶坐在那里用干材不住地添火，他在蒙蒙眬眬中觉得自己走进了熊熊的烈火中，双肋长出了翅膀，飘飘忽忽地飞向蓝天，在黄河上空翱翔。

　　天亮之后，人们来到火窑旁边，火熄了，那位老人却不见了，唯独剩下的，是他常拄的那根奇异的木质拐杖。

　　陶离开人类而去了，大家按照老人生前的嘱托，继续忙碌着。到了中午，雨瓢泼似的下，满地都是水，灌满了各个试烧的窑。第二天，大家用土封了窑口。

七天七夜过去了，水全部渗完，窑里没那么热腾了，大家挖开一看，满窑是坚硬结实、完好无缺、青透夺目的各种各样储物器。于是，成功的消息传遍了整个黄河两岸。

　　陶死后，大家推举他的儿子缶为首领。为了怀念陶的功绩，大家把这种储物器叫陶器。他们还为老人铸了陶像，因为老人爱吃鸡，同时煅烧了两只鸡摆在陶像前，让后人供奉。

　　缶把这项工艺技术发扬光大，不仅制造了各种各样的生活储物器，而且还制造了伴歌伴舞的敲打乐器。从此这项工艺陶器成了华夏人的生活必需品。

　　几千年过去了，生活在仰韶村这块圣地的人们，不知经历了多少战争，也不知度过了多少和平岁月，谁也说不清那段沧桑的历史。人们都是从自然中来，又到自然中去，最后唯独留下了仰韶文化遗址。

　　仰韶文化遗址发现的新石器时代晚期器物有石器、骨器，陶器多种。石器有刀、斧、杵、镞及纺织用的石质纺轮。骨器有缝纫用的

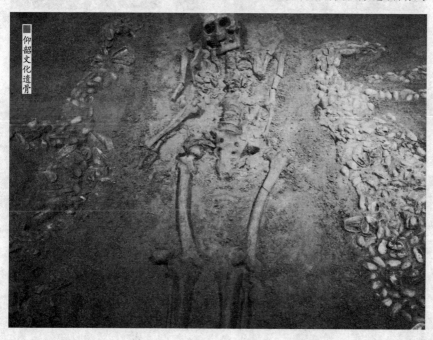

仰韶文化遗骨

■ 仰韶原始人生活复原场景

针。陶器有钵、鼎等形制。

仰韶陶器多数是粗陶，其中有一种彩陶，以表面红色、表里磨光并带有彩绘为特征。因此"仰韶文化"又被称为"彩陶文化"，当作同系统文化的代表名称。

仰韶文化遗址总面积近30万平方米，文化层厚约2米，最厚达4米。有四层文化层相叠压，自下而上是仰韶文化中期、仰韶文化晚期、龙山文化早期、龙山文化中期。遗址中最有价值的是数十斤5000年前的小米，说明我国农业发展具有悠久的历史。

仰韶文化是我国先民所创造的重要文化之一，仰韶文化的持续时间在公元前5000年至公元前3000年左右，据传说，神农氏时代完了以后，黄帝、尧、舜相继起来，这些传说在仰韶文化遗址中大致有迹可循，因之推想仰韶文化当是黄帝族的文化。

从仰韶文化遗址的遗物里，可以推测当时人们的生活状况。

仰韶时期的人们过着定居生活，拥有一定规模和布局的村落；原始农业为主要经济形式，同时兼营畜牧、渔猎和采集；主要的生产工具是磨制石器；生活用具主要是陶器；此时反映人们意识形态的埋葬制度已经初步形成。

各遗址多有石斧的发现，石斧是用来进行农业生产的一种工具。遗址多在河谷里，那里土地肥沃，便于种植。1953年，陕西西安半坡遗址的发现，有力地证明了农业在生产中的重要地位。生产工具有石斧和骨锄，农产物有粟。一陶罐粟在居室内被发现，一陶钵粟是作为殉葬物放在墓葬里，足见当时人生活已经离不开农业，粟尤其是重要的食物。

畜牧业也是重要的生产部门。仰韶遗址中有许多猪、马、牛的骨骼，其中猪骨最多。猪的大量饲养，也说明当时居住地已相当安定。

鼎 我国青铜文化的代表。鼎在我国古代被视为立国重器，是国家和权力的象征。直到现在，我国人仍然有一种鼎崇拜的意识，"鼎"字也被赋予"显赫""尊贵""盛大"等引申意义，如一言九鼎、大名鼎鼎、鼎盛时期、鼎力相助等。我国历史博物馆收藏的"司母戊"大方鼎就是商代晚期的青铜鼎，长方、四足，高133厘米，重835千克，是现存最大的商代青铜器。

■ 三角纹彩陶钵

弓箭是中石器时代后期或新石器时代早期出现的工具。有了弓箭，狩猎生活逐渐过渡到原始畜牧业。仰韶文化各遗址多有石镞、骨镞，可见当时已普遍使用弓箭。

在甘肃各遗址的墓葬中，发现磨制的玉片、玉瑗和海贝，据推测，玉可能是从新疆来的，贝是从沿海地区来的，想见甘肃居民对沿海地区已经有了交换关系。由于交换关系的继续发展，氏族内部逐渐分化了，而且开始有奴隶，也就是在这种情况下，阶级开始了它的胚胎状态。

半坡遗址有公共墓地，埋葬本氏族的死者。死者一般是仰身葬，带有殉葬物，主要是陶器等日常生活所用的器皿，也有些是装饰品。还有一些死者是俯身葬，都没有带殉葬物。这是死者身份不同的表示，俯身的人是罪人，奴隶是被看作罪人的。

仰韶文化遗址的陶器，一般是美观的。发展到了属于铜器时代的辛店遗址的陶器，纹饰较为复杂，纹饰间还点缀着犬羊的图形，有的还涂有人形纹。

■鹰形陶鼎

仰韶文化制陶业发达，较好地掌握了选用陶土、造型、装饰等工序。陶器种类有钵、盆、碗、细颈壶、小口尖底瓶、罐与粗陶瓮等。其彩陶器造型优美，表面用红彩或黑彩画出绚丽多彩的几何形图案和动物形花纹，其中人面形纹、鱼纹、鹿纹、蛙纹与鸟纹等形象逼真生动。

不少出土的彩陶器为艺术珍品，如水鸟啄鱼纹船形壶、人面鱼纹彩陶盆、鱼蛙纹彩陶盆、鹳衔鱼纹彩陶缸等。陶塑艺术品也很精彩，有附饰在陶器上的各种动物塑像，如隼形饰、羊头器钮、鸟形盖把、人面头像、壁虎及鹰等，皆栩栩如生。

在半坡等地的彩陶钵口沿黑宽带纹上，还发现有

■ 人面鱼纹彩陶盆 是用泥质红陶烧成，盆内壁画人面纹和鱼纹各两个，相间排列，题材新颖，形象生动，反映了半坡类型彩陶常以鱼纹装饰陶器的特点。关于人面鱼纹有多种说法，如图腾说、神话说、祖先形象说等，不管究竟是何种含义，作为我国原始社会先民的艺术杰作，它都展现了先民的审美智慧和艺术创造才能。

■ 鹳鱼石斧图彩绘陶缸 1978年在河南省临汝县阎村出土,我国原始社会文化中一件罕见的珍品。夹砂红陶,敞口、圆唇、腹深且直、平底、口沿下有6个鹰嘴形突钮,腹部"鹳鱼石斧图"是原始社会绘画艺术的杰作,其画意似与原始宗教有关。

50多种刻画符号,可能具有原始文字的性质。在濮阳西水坡又发现用蚌壳摆塑的龙虎图案,是我国最完整的原始时代龙虎形象。

仰韶遗址的发现,第一次证实了我国在阶级社会之前就存在着非常发达的新石器文化,并从此开始把考古学的研究领域扩大到旧石器时代、青铜器时代和铁器时代。

仰韶遗址的考古与发掘,无可辩驳地证明了我国不但有新石器时代的遗存和文化,而且相当发达,使过去宣扬的"中华文化西来说"不攻自破。仰韶文化上下数千年,纵横几千里,在世界范围内来说也是罕见的。

阅读链接

1916年,当瑞典人安特生教授在山西勘探铜矿资源的时候,偶然发现了一批古新生代的生物化石,安特生教授以及当时地理测绘研究所所长丁文江先生随即对古新生代化石进行大规模收集整理工作。

1921年,在河南省三门峡市渑池县仰韶村曾经发现新石器时代晚期的遗址。全国有统计的仰韶文化遗址共5213处,具体分布情况是:陕西省2040处、河南省1000处、山西省1000处、甘肃省1040处、河北省50处、内蒙古自治区约50处、湖北省23处、宁夏回族自治区7处、青海省3处。

彩陶文化巅峰的马家窑文化

马家窑文化是我国新石器晚期的一种文化，出现于距今5700多年的新石器时代晚期，历经了3000多年的发展，因首先发现于甘肃省临洮县的马家窑村而得名，主要分布于黄河上游地区及甘肃、青海境内的洮河、大夏河及湟水流域一带。

马家窑文化以一种独立的文化形态向世人展示了图案精美、内涵丰富、数量众多，达到世界巅峰的彩陶文化。

在我国甘肃省临洮马家窑村远古文化遗址，存在着大量的上古时代代表华夏文

■锯齿纹彩陶鼓

蛙纹彩陶壶

化的彩陶器皿。

马家窑文化包括马家窑、半山、马厂3个文化类型，从已经发现的有关地层叠压情况看，马家窑类型早于半山类型，半山类型又早于马厂类型。

马家窑文化的重要遗址有东乡林家、临洮马家窑、广河地巴坪，以及兰州的青岗岔、花寨子、土谷台、白道沟坪与永昌鸳鸯池和青海乐都柳湾等20多处。

马家窑文化的村落遗址一般位于黄河及其支流两岸的台地上，那里接近水源，土壤状况良好。房屋多为半地穴式建筑，也有在平地上起建的，房屋的平面形状有方形、圆形和分间三大类，以方形房屋最为普遍。

当时虽然农业经济比较进步，采集和狩猎活动仍是经济生活的重要方面。各遗址中大多发现了石镞、骨镞、石球等。发现的野生动物骨骼较多的是鹿、野猪等。

马家窑文化发现有墓葬2000多座，墓地一般和住地相邻，流行公共墓地，墓葬排列不太规则，多数为东或东南方向。盛行土坑墓，有长方形、方形和圆形等。

葬式因时期和地区不同而有变化，一般有仰身直肢、侧身屈肢和二次葬。墓葬内一般都有随葬品，主要有生产工具、生活用具和装饰品等，少数随葬粮食和猪、狗、羊等家畜。

有的墓地的随葬品，男性多石斧、石锛和石凿等工具，女性多纺轮和日用陶器，反映出男女间的分工。随葬品在数量和质量上都存在着差别，而且越到晚期差别越大，这种贫富差别的增大，标志着原始社会逐步走向解体和中华文明曙光的来临。

马家窑文化以彩陶器为代表，它的器型丰富多姿，图案极富于变化和绚丽多彩，是世界彩陶发展史上无与伦比的奇观，是人类远古先民创造的最灿烂的文化，是彩陶艺术发展的顶峰。它不仅是工业文明、农业文明的源头，同时它源远流长地孕育了我国文化艺术的起源与发展。

马家窑文化的陶器大多以泥条盘筑法成型，陶质呈橙黄色，器表打磨得非常细腻。许多马家窑文化的遗存中，还发现有窑场和陶窑、颜料以及研磨颜料的石板、调色用的陶碟等。

马家窑文化的彩陶，早期以纯黑彩绘花纹为主；中期使用纯黑彩和黑、红二彩相间绘制花纹；晚期多以黑、红二彩并用绘制花纹。

马家窑文化的制陶工艺已开始使用慢轮修坯。并利用转轮绘制同心圆纹、弦纹和平行线等纹

■菱形纹彩陶罐

饰，表现出了娴熟的绘画技巧。

彩陶的大量生产，说明这一时期制陶的社会分工早已专业化，出现了专门的制陶工匠师。彩陶的发达是马家窑文化显著的特点，在我国所发现的所有彩陶文化中，马家窑文化彩陶比例是最高的，而且它的内彩也特别发达，图案的时代特点十分鲜明。

彩陶是我国文化的根，绘画的源，马家窑文化创造了中国画最早的形式。马家窑文化彩陶的绘制中以毛笔为绘画工具、以线条为造型手段、以黑色为主要基调，奠定了中国画发展的历史基础与以线描为特征的基本形式。

马家窑蛙纹彩陶也向人们揭示了蛙纹出现、变化，最终发展成雏形龙图案的演绎过程，而整个演绎过程与先民避免和战胜水患的愿望有着直接的联系。马家窑文化彩陶画可以证明，中华龙的形成起源于蛙纹。

还有一件彩陶盆，最上层有10个亮圆，代表了古时候天上有10个太阳，中间有9个，代表被后羿射掉了9个，最中间一个，代表了还剩一个太阳，每个太阳的中间都有一只鸟头，

涡纹四系彩陶罐

马家窑三角折带纹双足罐

原始文化

新石器时代文化遗址

代表了太阳鸟也就是金鸟，证明了后羿射日的传说确实很早就有了。

蛙纹双耳壶

传说中后羿和嫦娥都是尧时候的人，那时有10个太阳同时出现在天空，把土地烤焦了，庄稼都枯干了，人们热得喘不过气来，经常有人倒在地上昏迷不醒。

人间的灾难惊动了天上的神，天帝命令善于射箭的后羿下到人间，协助尧除掉人民的苦难。后羿带着天帝赐给他的一张红色的弓，一口袋白色的箭，还带着他美丽的妻子嫦娥一起来到人间。

后羿从肩上拿下那红色的弓，取出白色的箭，向骄横的太阳射去。"嗖"的一箭射出，只见天空中流火乱飞，火球无声爆裂。接着，一团红亮亮的东西坠落在地面上。

鱼鸟纹彩陶壶

人们纷纷跑到近前去探看，原来是一只乌鸦，颜色金黄，硕大无比，想来就是太阳精魂的化身。再一看天上，太阳少了一个，空气也似乎凉爽了一些，人们

马家窑人头形器口彩陶瓶

不由得齐声喝彩。这使后羿受到鼓舞，他不顾别的，连连发箭，只见天空中火球一个个地破裂，满天是流火。

顷刻间，10个太阳被射去了9个，只因为尧认为留下一个太阳对人们有用处，才拦阻了后羿的继续射击。

马家窑文化将史前文化的发展推向了登峰造极的高度，创造了绘画表现的许多新的形式，马家窑文化的彩陶图画，就是神奇丰富的史前"中国画"。

阅读链接

1944年和1945年，中国考古研究所所长夏鼐先生到甘肃进行考古工作，发掘了临洮寺洼山遗址，认识到所谓甘肃仰韶文化与河南仰韶文化有颇多不同，认为应将临洮的马家窑遗址作为代表，称之为"马家窑文化"。

1988年，临洮马家窑遗址被国务院公布为第三批全国重点文物保护单位。2001年被评为"20世纪中国百项考古重大发现"之一。2006年，中央电视台《探索·发现》栏目，制作了六集电视专题片《神秘的中国彩陶》，该片由甘肃省马家窑文化研究会会长王志安担任顾问和彩陶文饰解读的主讲。播出后在全国引起对马家窑文化的很大兴趣和关注。

新石器末期代表的齐家文化

　　齐家文化是以甘肃省为中心地区的新石器末期文化，人约产生于距今4130年前。其名称来自其主要遗址甘肃省临夏回族自治州广河县排字坪乡园子坪齐家坪社的齐家坪遗址。另外在甘肃、青海地区的黄河及其支流沿岸阶地上共有齐家文化遗址350多处。

　　齐家文化反映了父系氏族社会的特点，出现了阶级分化并产生原始军事民主制。

　　齐家文化时期，这一带的主要农作物是粟，在大何庄遗址的陶罐中曾发现了这种粮食。生产工具以石器为主，其次为骨角器。农业生产中挖土的工具主要是石铲和骨铲。有些石铲已经用硬度很高的玉石来制作，器形规整，刃口十分锋利。

　　骨铲系用动物的肩胛骨或下颌骨

素面大口罐

■ 齐家文化出土的
双肩陶杯

制成，刃宽而实用；收割谷物
用的石刀、石镰多磨光穿孔；
石磨盘、石磨棒、石杵等用于
加工谷物。

　　总的看来，石斧、石铲、
石锛的数量都很少，或许反映
农业生产并不十分发达。

　　作为农业生产的重要补
充，畜牧业相当发达。从遗
址中的动物骨骼得知，家畜
以猪为主，还有羊、狗、牛、马等。仅皇娘娘台、大
何庄、秦魏家三处遗址统计，即发现猪下腭骨 800 多
件，表明当时养猪业已成为经济生活的重要内容。

　　与饲养业同时，齐家文化的采集和渔猎经济继续
存在，一些遗址中发现了氏族先民捕获的鼬、鹿、狍
等骨骼。

　　齐家文化的手工业生产比马家窑文化有很大发
展。制陶技术仍以泥条盘筑法手制为主，部分陶器经
慢轮修整，有一些陶罐的口、颈尚留有清楚的轮旋痕
迹。制陶工匠已掌握了氧化焰和还原焰的烧窑技术，
陶系主要是泥质红陶和夹砂红褐陶，一些器物的表面
施以白色陶衣。

　　齐家文化的大量陶器是素面的，有些罐类和三足
器拍印篮纹和绳纹，也有少量彩陶，绘以菱形、网
格、三角、水波和蝶形花纹，线条简化而流畅。

　　陶器的造型以平底器为主，三足器和圈足器较

皇娘娘台 也称尹
夫人台，位于甘
肃省武威市。尹
夫人是东晋十六
国时期西凉国王
李暠的妻子，在
李暠创建的西凉
政绩中，倾注着
她许多心血和智
慧，为此有人把
西凉政权称为
"李尹政权"。
尹夫人后被北凉
的沮渠蒙逊掳来
国都姑减，蒙逊
在西汉末年窦融
所筑的台基上为
她修建了房子，
后人称这为"尹
夫人台"。

少。典型器物有双耳罐、盘、鬲、盆、镂孔圈足豆等，其中以双大耳罐和高领双耳罐最富有特色。

齐家文化的陶工还善于用黏土捏制各种人头造型和动物塑像，人头长颈圆颊，双眼仰望；动物有马、羊或狗等，形体小巧生动。还有一些陶质瓶和鼓形状响铃，铃内装有一个小球，摇时叮当响，是巧妙的工艺品。

齐家文化陶塑的题材多样，以鸟类雕塑为最多，有的形状像水鸟，有着长嘴、长颈和短尾。有的形状像鸽子，体态丰满圆浑。有的做展翅欲飞状，身上的锥刺纹表示羽毛。有的为三足鸟，这和传说中的太阳鸟或许有关系。

齐家文化有的陶器的顶部或内部雕塑着狗的头部，这可能与畜牧业的发展有关。齐家文化的陶器上，也有浮雕和刻画出的蜥蜴，这种神秘的爬行动物，特别受到西北的原始氏族人们的青睐，常被作为造型艺术的主题形象。

齐家坪出土的浮雕龙形纹红陶罐，在器腹中部，用泥条堆塑成横绕的龙形纹，头小而似蛇首，身上有鳞甲状刻画纹，身子中部有向上弯曲的爪足，展现了西北地区由蛇升华为龙的原

■ 齐家文化青铜镜

始形态。

　　齐家文化在建筑材料上有许多发明创造，灵台县桥村出土了一批陶瓦，有板瓦、半筒状瓦等样式，为橙红色陶，瓦上面有时代特点鲜明的篮纹和附加堆纹。

　　另外，齐家文化的纺织业的进步也比较显著。在居址中、墓葬里普遍发现大批陶、石纺轮及骨针等纺织缝纫工具。有的墓葬人骨架上、陶罐上有布纹的印痕。在大何庄一件陶罐上的布纹保存较好，布似麻织。当时人们穿的衣服主要是用这类麻布缝制的。

　　齐家文化冶铜业的出现，表现出西北地区这一部族先民的杰出智慧与才能，是齐家文化对中华民族早期青铜器铸造和生产力发展的一项突出贡献。

　　皇娘娘台、大何庄等地已发现红铜器和青铜器，还有一些铜渣。齐家坪遗址中有一件带有长方形銎的铜斧，是齐家文化最大的一件铜器。尕马台遗址中的一件铜镜，一面光平，一面饰七角星形纹饰，保存较好。

齐家文化陶罐

　　齐家文化的墓地与村庄在一起，大多数墓葬为单人，但亦有成年男女合葬，合葬之中男性为仰身直肢，女性则呈蜷曲姿态，墓中大多有石器与陶器作为陪葬。此外，地面上发现类似于宗教建筑的石造建筑。

　　齐家文化中还存在以人殉葬的习俗，殉葬者都是奴隶和部落战争中的受害者。殉葬这一恶俗反映了社会地位的差别与阶级分化。墓葬中随葬品的多与少也显示出贫富不均的社会现实。

另外，在齐家文化分布范围内，还有数量更多、质量更精美的齐家文化玉器。其器类在30种以上。除了常见的品种之外，还发现了许多新的品种。这批独具特色的玉器，其内涵之丰富，品种之繁多，工艺之精美，无不令人折服。这些玉器当为齐家文化乃至我国西北原始文化的重要特征之一。

■齐家文化猫头鹰罐

如礼器玉琮，除形制各异、大小不等的素面纹琮外，还有竹节纹琮、弦纹琮，更有在琮的一端、射孔之上装饰有或牛，或羊，或熊，或虎等浮雕纹饰的兽首或兽面纹琮、人面纹琮或琮形器。

兵器有戈、矛、刀、钺、戚，个别的兵器上还嵌有一枚或几枚绿松石；装饰品有各种玉佩饰、坠饰、发箍等。

尤其是齐家文化中还有数件圆雕玉人立像，性别有男有女，尺寸从十几厘米到超过半米高不等，古朴而生动，有的雕像在各器官部位嵌有多颗绿松石。这类雕像或许是作为膜拜的对象而制作的。

还有各种多孔形器，许多多孔形器雕成扁平的鸟形、兽面形或鸟兽变形图像。

齐家文化玉器使用的玉材，主要是甘肃、青海本地的玉，还有新疆和田玉。和田玉大量用来制作礼器和部分工具，当始于齐家文化。

■齐家文化新疆和田玉制品

■新疆和田玉 是一种软玉，俗称真玉。质地致密、细腻、温润、坚韧、光洁。产于我国新疆，与陕西蓝田玉、河南南阳玉、甘肃酒泉玉、辽宁岫岩玉并称为我国五大名玉。我国是世界历史上唯一将玉与人性化相融的国家。和田玉在我国至少有7000年的悠久历史，是我国玉文化的主体，是中华民族文化宝库中的珍贵遗产和艺术瑰宝，具有极深厚的文化底蕴。

这一部族各氏族都过着比较稳定的定居生活。聚落遗址一般都发现在便于人们生活的河旁台地上，房子大多是方形或长方形半地穴式建筑，屋内多用白灰面铺成，非常坚固美观。地面中央有一个圆形或葫芦形灶址。这种房屋结构，是黄河流域龙山文化时期最普遍的一种形式。

阅读链接

1923年，瑞典考古学家安特生在黄河上游地区的甘肃广河齐家坪最先发现了铜石并用时代文化。后来在甘肃、青海地区共发现遗址350多处。齐家文化遗址在青海省境内最有名的当属喇家遗址。喇家遗址位于青海省海东地区民和回族土族自治县官亭镇境内的黄河岸边二级台地上，是2001年度"中国十大考古新发现"之一。现已被列为国家级文物保护单位，保护面积约20万平方米。

2008年，庆阳市第三次全国文物普查领导小组办公室和宁县文物普查办公室联合在宁县焦村乡西沟村徐家崖庄新发现一处齐家文化遗址。2009年在第三次全国文物普查中，定西市安定区文物普查组发现一处距今约4000年的大型齐家文化遗址。

伏羲文化之源的磁山文化

　　磁山文化是华北地区的早期新石器文化，因首先在河北省武安市磁山发现而命名，主要分布在冀南、豫北等地。年代距今10000年至8700年。

　　磁山文化的发现，填补了我国早期新石器时代文化的重要缺环。为研究和探索我国新石器时代早期文化提供了丰富、宝贵的地下实物资料。

　　同时，磁山文化与农业起源、伏羲文化、《周易》发展演变、我国古代历法的形成、制陶业的发展、数学、美学、建筑学等有着直接关系，是邯郸十大文化脉系之首，也是中华文

■三足陶钵

■磁山文化石锄

化和东方文明的发祥地之一，在我国有着非常重要的地位。磁山文化遗址位于河北南部武安市磁山村东的南洺河北岸的台地上，东北依鼓山，约14万平方米。

磁山文化遗址出土了陶器、石器、骨器、蚌器、动物骨骸、植物标本等约6000余种，为寻找我国更早的农业、畜牧业、制陶业的文明起源，提供了可贵的线索。

如果说在7000多年前地球上许多地方还是鸿蒙未开的话，而这里的人们已经种植谷物，饲养家禽，制作生产、生活用具，烧制陶器，最终进入了人类最早的文明。

通过研究分析得出，当时磁山居民经济生活以原始农业为主，农作物有粟。以石镰、石铲、石刀、石斧与柳叶形石磨盘为生产工具，石磨盘附有三足或四足，造型独特。饲养狗、猪等家畜，兼事渔猎。制陶业较原始，处于手制阶段；椭圆口盂、靴形支座、三足钵与深腹罐等为典型陶器。陶器表面多饰绳纹、篦纹及划纹等。

磁山文化时期的住房是圆形或椭圆形的，都是半地穴式建筑。储藏东西的窖穴发现较多。在房基遗址器物中，有一烧土块，沾有清晰可辨的席纹，说明在

鸿蒙 我国传说中的一个时代，传说在盘古开天辟地之前，世界是一团混沌的元气，这种自然存在的元气叫作鸿蒙，也作鸿濛，因此后人把那个时代称作鸿蒙时代，后来它也常被用来泛指远古时代。

7300年前这一带即编制苇席，由此也可想象苇席给人们生活带来的极大便利，此器物堪为全国之最。

磁山遗址共发现灰坑468个，还有189个储存粮食的"窖穴"。这些"粮仓"形似袋状，窖口直径大都为一两米，深浅不一。

磁山当地的土质极黏，可以说是"湿了泞，干了硬，不湿不干挖不动"，而7000年前的先民们硬是用打磨的石斧、石铲挖出了那么多深达数米的窖穴，其坚韧的毅力和劳动强度令人难以想象。

窖穴底部堆积有粟灰，有10个窖穴的粮食堆积厚近2米，数量之多，堆积之厚，在我国的新石器时代文化遗存中是不多见的。采用"灰象法"对标本进行了鉴定认为，当时的磁山人吃的是"小米"，这也是当今人工种植谷子历史的最早发现。

磁山是谷子的发源地。在以往的世界农业史上，粟一直被公认为是从埃及、印度传播而来的。然而，随着磁山遗址的发现，这一"结论"被改写。早在7000多年前，磁山先民们就已开始种植粟这一耐旱农作物，且达到了相当高的产量。

磁山遗址还出土了一批胡桃、小叶松等植物炭化物和动物骨骼标本，胡桃的出土，打破了由汉代张骞引自西域的说法。尤其是家鸡骨的发现，是世界已知最早记录者，修正了家鸡最早出现于印度的定论。

中华始祖太昊伏羲生于天水，已有七八千年的

陶釜陶支脚

女娲 我国上古神话中的创世女神。传说人首蛇身，为伏羲之妹，风姓。起初以泥土造人，创造人类社会并建立婚姻制度；而后世间天塌地陷，于是熔彩石以补天，斩龟足以撑天。

历史，这与"磁山文化"正好处于同一历史时期。中华始祖太昊伏羲功盖百王，德配天地。从磁山文化遗址已发掘出土的文物来看，与伏羲文化完全一致，磁山文化又具备河南淮阳、甘肃天水尚未有遗物能够鉴证的文化。

伏羲文化体系比较全面完善，磁山距我国历史文化名城、七大古都之首甲骨文的故乡、《归藏易》和《周易》发祥地安阳仅80千米，距祭祀女娲皇宫的涉县不足百里，两地不远，地域之间有着紧密联系；时间一致，文化相同，地理位置有着紧密联系。

确凿的事实说明，中华始祖太昊伏羲曾在磁山生活

■ 原始人生活图

过，创下了世界之最华夏伟业，因此，磁山文化是伏羲文化的根源。

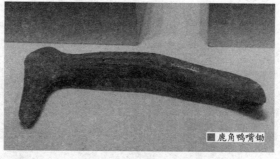

■鹿角鸭嘴锄

伏羲是一个叫华胥的美丽女人生下的，他根据天地万物的变化，发明创造了八卦这一我国最早的计数文字，是我国古文字的发端，结束了"结绳记事"的历史。

他创造历法、教民渔猎、驯养家畜、婚嫁仪式、始造书契、发明陶埙、琴瑟乐器、任命官员等，成为中华民族的人文初祖。

磁山原始人民，论经济实力是黄河流域中原地区一支强大部落，在这里创造下这么多人类最早文明，又是当时储粮基地等，可谓最原始的政治、经济、文化交流中心，磁山文化遗址有着8000年悠久历史，真正称得上"华夏第一都城"。

阅读链接

1972年冬，磁山村群众在村东台地开挖水渠时，意外地发现了一座在地下沉睡了7000多年之久的"原始村落"，从而揭开了黄河流域早期新石器文化探索的序幕。

1976年至1978年，在这里进行了3次发掘，发掘面积共达6000平方米，文化层厚一两米，不少窖穴深达六七米。

1988年，磁山文化遗址被国务院公布为全国重点文物保护单位。

2010年，磁山文化博物馆工作人员从一处坍塌的文化层中发现部分表面附着有植物颗粒的白色块状物体，有关专家认为可能系远古时期的"面粉"。

石器和陶器的裴李岗文化

　　裴李岗文化是我国黄河中游地区的新石器时代文化，由于最早在我国河南省新郑的裴李岗村发现并认定而得名。分布范围以新郑为中心，东至河南东部，西至河南西部，南至大别山，北至太行山。

　　裴李岗文化的年代据今7000年至8000年，绝对年代早于仰韶文化1000多年。

双耳壶

　　裴李岗文化遗址的发现，填补了我国仰韶文化以前新石器时代早期的一段历史空白，给进一步研究中华文明历史提供了实物资料。裴李岗文化既是我国新石器时代中期的一种文化，也堪称中华民族文明起步文化。

　　裴李岗村位于新郑县城北，遗址中有一些形状奇特的石斧、

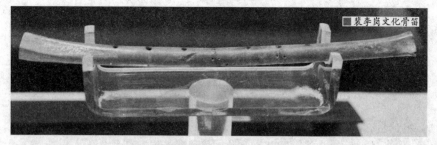

石铲、石磨盘、石磨棒、陶壶等40余件。

石磨盘是原始社会晚期的遗物，是碾谷物的生产工具，形状像一块长石板，而两头呈圆弧形，像鞋底状。石磨盘是用整块的砂岩石磨制而成的，正面稍凹，可能是长期使用造成的。

大多石磨盘的底部有4个圆柱状的磨盘腿，与其配套使用的是石磨棒。7000年之前，在如此遥远的时代，人类就能够用整块的石板琢磨出可供谷物脱壳的加工工具，这的确是一种凝聚着原始人类高度智慧的生产工具。

裴李岗文化遗址有墓葬114座、陶窑1座、灰坑10多个，还有几处残破的穴居房基。出土各种器物400多件，包括石器、陶器、骨器以及陶纺轮、陶塑猪头、羊头等原始艺术品。

遗址东半部为村落遗址，文化层厚一两米，内含遗物极少。西半部为氏族墓地。墓坑呈长方形，边缘不整齐。随葬品主要是石器和陶器。石器有磨制的或琢磨兼施的，其中典型器物有锯齿石镰、两端有刃的条形石铲等。陶器均为手制，代表器物是三足陶钵、筒形罐等。

从裴李岗遗址的遗物分析，裴李岗居民已进入锄耕农业阶段，以原始农业、手工业为主，当地人已经懂得畜牧和耕种。他们会在田里种植小米，又会在家里养猪。而当地文明是现时我国已知的最早期陶器文明。

裴李岗文化的陶器以泥质红陶数量最多，占陶器总数的一多半，夹砂红陶次之，泥质灰陶最少。陶器均为手制，大多为泥条盘筑。有

原始文化

新石器时代文化遗址

■ 裴李岗文化陶碗

中山寨遗址 位于河南省汝州市区东。纸坊乡中山寨村就位于遗址中心，遗址南部耕地层呈黑色，地面有不少夹砂红陶、灰陶片。断崖上暴露有很厚的灰层和互连不断的灰坑，多呈袋形。遗址的东北部，暴露不少墓葬，很浅，墓葬形式一般为两种。一种是成人墓，单身、竖穴，一种是小孩墓。

纹饰的器物较少。

而石器则以磨制为主，有石铲、石斧、石镰、石磨盘等。

裴李岗文化时期的房屋均为半地穴式建筑，以圆形为主，亦有较少的方形房屋，有阶梯式门道。

这一带第四纪黄土广泛覆盖，尤其是豫东平原，黄河冲积的次生黄土非常有利于古代农业的发展。据气象研究，在距今 2500 年至 8000 年的全新世中期，中原和华北地区的年平均气温比现在高得多，粟作农业的起源很可能就在这里发生。

裴李岗文化在河南省境内共有 100 多处遗址，其他重要遗址还包括临汝县中山寨遗址、长葛市石固遗址等。

由此可以想象出那时的情景：

在裴李岗文化时期，这里居住着一个少典氏族。他们在丘陵和台地上，用耒耜、石斧、石铲进行耕作，种植粟类作物，用石镰进行收割，用石磨盘、石磨棒加工粟粮。还种植枣树、核桃树等。在木栅栏里和洞穴中饲养猪、狗、牛、羊、鹿、鸡等。用鱼镖、骨镞从事渔猎生产。

他们建有许多陶窑，烧制钵、缸、杯、壶、罐、瓮、盆、甑、碗、勺、鼎等。他们在丘岗临河处，住着单间、双开间、三开间或四开间的茅屋。除了生产之外，他们还有简单的文化生活，在龟甲、骨器和石器上契刻符号式的原始文字，用以记事。

他们建有公共氏族墓地，成年人死了不分男女，一律头南脚北安葬，还根据他们生前的功劳、贫富和性别陪葬生产工具或生活用具等。

这是中原最古老文明裴李岗文化最真实的写照。

阅读链接

20世纪50年代，新郑县城北新村乡裴李岗村一带农民在田野耕种时，不断挖出一些形状奇特的石斧、石铲、石磨盘、石磨棒、陶壶等，不知为何物，于是就把这些远古的遗物搬回家中，充当捶布石、洗衣板或者是用来垫猪圈、垒院墙……

1977年至1982年春，考古工作者先后对新郑县的裴李岗、唐户和沙窝李遗址进行发掘，其中对裴李岗和沙窝李进行了5次较大规模发掘。

1978年，开封地区文管会、新郑县文管会撰文《河南新郑裴李岗新石器时代遗址》在当年《考古》第二期上发表，提出将裴李岗遗存命名为"裴李岗文化"。

2001年，新郑市的裴李岗遗址被公布为20世纪百项考古大发现之一、河南省十大考古大发现之一以及全国重点文物保护单位。

山东文明之源的后李文化

后李文化因发现于我国山东省淄博市临淄区后李文化遗址而得名，其分布范围主要在泰沂山系北侧的山前地带，距今8500年至7500年之间，前后延续1000多年时间。

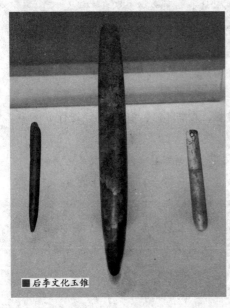
■后李文化玉锥

后李文化是山东地区最早的新石器时代文化和人类遗存，其年代延续之长，内涵之丰富，实为罕见，堪称海岱地区史前文化的源头。

后李文化主要分布在济南、邹平、章丘、淄博、潍坊一带，后李遗址一期遗存位于临淄区齐陵街道办事处后李官庄西北的淄河东岸的二级台阶上，面积约15万平方米。

■ 原始人生活图

后李文化地处沂泰山系北侧山前冲积扇和鲁北平原，由于受淄河水的冲刷，遗址的西、南两侧形成高达10余米的断崖。

后李文化遗址最突出的特点是文化层次多而丰富，由上到下共分12层，包含了新石器文化遗存、两周文化遗存和晚期文化遗存三大阶段。从新石器时代早期的遗物到清代的器皿，首尾跨越了8000年。

其中的后李文化是最古老的新石器文化，它的发现将山东文化的发源年代向前推进了1000多年。

在后李文化遗存中有灰坑、墓葬、烧灶、房址、陶窑等。灰坑为圆形、椭圆形和不规则形。墓葬有小型土坑竖穴式和土坑竖穴侧室两种形制。

房址为半地穴式，不规则圆形，面积一般30至50平方米，大者50余平方米。地面为夯土，坚实较硬。陶窑为竖式陶窑，分窑室、火膛和泄灰坑三部分。

两周 周朝是我国历史中十继商朝之后的一个世袭王朝，分为"西周"与"东周"两个时期。西周由周武王姬发创建，定都镐京和丰京，成王时期营建洛邑；西周末年，周平王姬宜臼从镐京东迁洛邑后，史称东周。史书常将西周和东周合称为两周。

居住面有的经过烧烤，多发现灶址和一些陶、石器等生活用具。墓葬流行长方形土坑竖穴，排列比较整齐，个别墓室均未见葬具。死者头向多朝东，有的向北。葬式多单人仰身直肢葬。多无随葬品，少数放置蚌壳，个别见有陶支脚。

后李文化发现的陶器以红褐陶为主，红、灰褐、黑褐、青灰褐陶次之。制作工艺为泥条盘筑，器表多素面，器形以圜底器为主，仅发现少量平底器和圈足器。器类主要有釜、罐、壶、盂、盆、钵、碗、形器、杯、盘、器盖和支脚等。纹饰有附加堆纹、指甲纹、压印纹和乳钉纹。

后李文化遗址发现的新石器时期陶窑被誉为"中华第一窑"。该窑炉不仅证明淄博地区是我国属较早开始烧制陶器的地区之一，而且证明淄博地区烧制陶器的历史已有8000多年。

该窑炉结构简单、形体较小，顶部结构已毁，仅存窑膛及炉底，但四壁烧痕明显，为使用烧结所致，说明该窑炉建造其原始性。

后李文化的骨角蚌器多为凿、匕、锥、镖、刀、镰等。有少量石器，以磨制为主。种类有锤、斧、铲、磨盘、磨棒、刮削器、尖状器等。

后李文化的陶器、骨器的碎片经测定距今约8200年至8500年。

遗址中的植物花粉均以草本植物花粉居优势，木本植物花粉次

■原始时期石磨石棒

之。可见这一时期，后李遗址的植被具有明显的草原特征，草本植物比较茂盛。

原始时期石臼

由此证明，后李文化时期气候比较暖湿，可能比如今高。环境一度较优美，既有旱生植物、水草及灌丛，也有低地及水体，当时居住区域，地势比较平坦，接近河边，有不少野生动物栖息与嬉戏在这里。

另外，后李文化遗址中还有一些禾本科植物花粉，其形态酷似现在的谷子。看来当时先民可能已经学会农业栽培，食物来源主要靠种植谷物，也辅以狩猎和捕鱼。

后李文化的先民就是在这样的自然环境下从事各种生产活动并繁衍生息，从而创造出了光辉灿烂的古代文化。

阅读链接

20世纪60年代，专家们就发现了后李官村遗址的存在，进行试掘后又获得了一些别具特色的陶片。此后，考古学者在山东章丘、滨洲、济南等地也发现了类似的标本，这些发现，拉开了发掘后李文化的序幕。

1988年至1990年，为配合济青高速公路的建设，山东省文化厅济青高速公路工程文物工作队，对后李文化遗址进行了4次大规模的考古发掘，清理小型墓葬189座，其中包含着春秋时期的墓葬。

1992年，山东省、淄博市文物部门在临淄齐陵镇的后李家村发掘古车马遗址时，发现了一些古代陶器的碎片，经文物专家鉴定，距今约8200年至8500年。

东方文明渊源的北辛文化

　　北辛文化是黄河下游一种原始社会较早期的文化遗址，因山东省滕州市北辛遗址最为典型而得名，主要分布于泰沂山系南北及江苏省淮北地区的60多处。北辛文化的年代在公元前5300年至前4300年之

古人制陶图

间，其后发展为大汶口文化。

北辛文化揭示了六七千年前我们的祖先在此定居并繁衍生息的生活情形，为中华东方文明找到了渊源，代表了中华民族辉煌的历史文明。

北辛文化遗址包括灰坑、窖穴、墓葬在内面积约2600平方米，有各类石器、陶器、骨器、蚌器等文物2000余件，属于山东省新石器时代的最早时期，也是母系氏族社会最为繁盛阶段，比大汶口文化早1000多年。

北辛文化还包括了除胶东半岛以外的山东省环鲁中南山地周围的兖州、曲阜、泰安、平阴、长清、济南、章丘、邹平、张店、青州、莒县、临沭和滕县等地。

北辛文化已形成完整的聚落，房址均为半地穴式建筑，墓葬流行长方形土坑竖穴墓，无葬具，生产工具主要是石器，骨、角、牙、蚌器十分发达，制作工艺以磨制为主。

造车始祖奚仲，是历史记载中第一个走入中原的北辛文化代表人

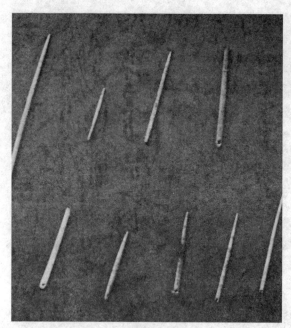
■ 北辛文化石针

物。然而，随他走进中原的不仅仅有马车，许多北辛文化的核心价值元素，也随着那道马车的辙印汇入大禹的治国理念当中。

历史记载奚仲曾任夏"车正"，也就是管理车辆制造及"车服礼仪"的官员，可以想见，夏朝的许多礼仪制度之中凝聚了北辛文化的智慧。

"番禹作舟""奚仲造车"等的历史记载，从一个侧面彰显了北辛文化在当时所达到的文明高度，铭记了北辛先民们为完善民族早期文化体系做出的卓越贡献。

北辛文化跨越分为早、中、晚三个阶段，表现在北辛文化中的农业特征，一是粟粒炭化颗粒的发现，二是大量磨制生产工具的出土。

在一些窖穴的底部，发现了粟类作物的颗粒，这些炭化了的粟颗粒，是我国北方发现较早的农作物之一，这说明了农业生产是他们生活资料的主要来源，也是定居生活赖以生存的重要保障。

粟是耐旱作物，从地理环境、土质和气候方面观察，北辛文化所处的地带是非常有利于古代人类的居

夹砂陶 我国古代陶器的一种。为使陶坯烧制受热时不易裂开，特意在陶土中掺入一定数量的砂粒和其他碎末，所以称这种陶器为"夹砂陶"。不但能在高温焙烧下不变形，而且制成的陶器可多次受热，可作炊器使用。

住和古老的农业生产的。因为这一地区的降水量集中于夏季，不及南方年降水量平均，所以，北辛文化的居民很自然地选择具有耐旱早熟之特点的粟作为主要农作物。

粟的发现不仅证实了我国有发达的原始农业，同时还证实我国是世界上农业发达最早的国家之一。

北辛文化遗址的农具从翻地的石铲、鹿角锄、播种用的尖状角器，到收割用的蚌镰，脱粒用的石磨盘、石磨棒等，对研究当时的农业生产状况起到了很重要的作用。

北辛文化的陶器工艺较为原始，陶质有夹砂陶和泥质陶两种，纹饰有附加堆纹、划纹、指甲印纹等，说明手工业在北辛时期也出现了萌芽。代表器物为黄褐陶鼎。

遗址中有盖鼎、红顶钵、指甲印纹钵、红陶壶，说明当时的制陶烧陶技术已比较先进，这些器物不仅讲究生活的实用性，而且还讲究审美的艺术性。

特别是红顶钵，为东方的彩陶找到了渊源；在一件陶器的底部还发现了一对酷似鸟足的刻画符号，被誉为"文字的起源"和"文明的曙光"。

北辛文化的人们除农业生产劳动外，狩猎、捕

黄褐陶鼎 我国古代炊器。夹砂黄褐陶，火候较低，质地粗疏，手工制作。口微敛，腹深微鼓，下收成尖底，圆锥状高足。口沿外有一周锯齿状窄条堆纹和两两对称的4个小鼻。有盖，呈覆盆状，上置弧形提手。盖与腹部均饰短窄条堆纹组成的曲折纹，壁上残存加工时所留细篦状痕。器形朴实大方，装饰简练。

民族摇篮

黄河流域

北辛遗址陶器

捞和采集仍是不可缺少的生存手段。遗址中有大量的骨镞、鹿角矛形器、弹丸、骨鱼镖、陶网坠、骨梭。同时，北辛文化遗址中数量相当多的兽骨、鱼骨和贝壳，经鉴定，有猪、牛、梅花鹿、獐、四不像、貉、獾、鸡、龟、青鱼、丽蚌、中国田螺等种类。遗址中还发现了家猪的头骨，刷新了我国的养猪史。这证明北辛文化的人们已把狩猎、捕捞作为生存的手段之一。

综上所述，在距今7000多年以前的时代，自然气候和地理环境都与现在有着很大的差异，我们的祖先在那样的条件下，在这块古老的土地上，用粗笨的生产工具发展生产，过着较稳定的定居生活，是一件了不起的事情。

北辛文化是海岱文化区新石器时代的一次重要发现，是山东大汶口文化发展的源头，它将山东的始前考古向前推进了一大步，具有重要的历史意义。

阅读链接

1964年，中国科学院考古研究所山东队在滕县北辛遗址调查中，采集到一批和大汶口文化风格不同的陶器，称之为"北辛类型"。

北辛文化由于最早发现于江苏淮安青莲岗，考古界曾定名为青莲岗文化，后因主要遗址有山东滕县北辛、兖州三因、泰安大汶口、江苏邳县大墩子、连云港市二涧村等，于是重新定名为北辛文化。

1982年，"北辛文化"被国务院正式公布并编入教科书；1992年被公布为山东省重点文物保护单位；2006年又被国务院定为全国第六批重点文物保护单位。

南北地区

　　我国地域辽阔，中华文明的发源地除了黄河、长江流域之外，还包括南方与北方的部分地区，如北方的东北三省，西南、东南的几个省区和我国的台湾地区。

　　这些地方遗存的原始文化与长江、黄河流域的古文化共同构成了我们中华民族灿烂辉煌的古代文明。

　　南北地区的原始文化包括新乐文化、兴隆洼文化、红山文化、甑皮岩文化、台湾凤鼻头文化、云南洱海之滨的白羊村文化等。

沈阳史前源头的新乐文化

"新乐文化"是我国北方地区的新石器文化，因辽宁省沈阳市北郊区新乐遗址的下层遗存而得名，又称新乐下层文化。

该发现把沈阳城的历史推到7200年前的新石器时期，年代为公元前5300年至公元前4800年。这一文化已成为沈阳地区史前文化典型代表和历史源头。

新乐文化斜纹口器皿

新乐遗址位于沈阳市皇姑区黄河北大街龙山路一号，市内北运河北岸的黄土高台地上，地处下辽河流域。

新乐遗址的分布范围，以龙山路为南线向北延伸，东以黄河北大街为起点向西至长江北街。

新乐上层文化以夹砂三足

陶器、磨制石器为代表，新乐下层文化以夹红褐陶压 　■新乐遗址复原图
印之字纹深腹筒形罐、打制石器、磨制石器为代表，
距今约7000年，遗址有半地穴式建筑多座，房址中存
有石磨盘残块。

　　介于新乐上、下两层之间还有新乐中层文化。其
中具有独特文化内涵的新乐下层文化，成为新乐遗址
和新乐文化遗存的主要代表。

　　新乐遗址是我国原始社会新石器时代一处聚落遗
址。遗址已发现多处半地穴房址，最大的面积有100
平方米，中型的面积有70平方米，小型的面积有20平
方米，平面呈长方形或圆角方形，中间有火膛，四周
有柱子洞。

　　在新乐下层文化遗址中发现过炭化的谷物，在年

皇姑区 在沈阳
市内，以皇姑坟
得名，为简仪亲
王坟。简仪亲王
是努尔哈赤之弟
庄亲王舒尔哈齐
的第八子，亦称
硕简亲王。因简
亲王本名芬古，
故其坟也称芬古
坟。时间一久，
便误传为皇姑
坟。另外传说皇
姑区名称由来是
努尔哈赤之干女
儿葬于寿泉地
区，此地故名为
皇姑坟。

■新乐遗址出土的
石器

代稍晚的大连郭家村遗址上层的一个席篓内，也发现了炭化的粟。说明当时新乐先民经济生活以农业为主，渔猎是经常性的生产活动。

石质工具有打制的，也有磨制的，器形有斧、铲、凿、镞、磨盘、磨棒等，还有细石器。

新乐文化出土的陶器多夹砂红褐陶，火候较低，陶质疏松，并常饰有压印的"之"字形纹和弦纹等，种类有直口筒形深腹罐、鼓腹罐和斜口簸箕形器等。

其中的代表斜线纹高足钵，红陶衣、高足，通身饰以抹压斜线和网格纹，是新石器时代的盛食器。

新乐文化中还有少量玉器、煤精制品、木雕艺术品等。煤精雕刻艺术品有球形、耳珰形，晶莹乌亮，雕工细致，在当时条件下能制成如此精细的艺术品，使人难以置信，是我国最早的煤精工艺制品。

其中"木雕鸟"，即太阳鸟木雕，是沈阳地区年代最久的珍贵文物，也是世界上唯一保存最久远的木雕工艺品。

太阳鸟木雕从上到下都装饰了精美的花纹，木雕上的每一处纹路都刻画得十分精致，远在7000年前，人们还没有发明金属冶炼，更不可能有金属刻刀出现。那么，新乐人使用什么刀具来进行雕刻呢？

后来在遗址中发现了许多打磨精细的玉石刻刀，

镞 指我国古代兵器箭上的一个部件。镞之横截面作三角形，狭刃，十分锋利，是安装在箭杆前端的锋刃部分，用弓弦弹发可射向远处。也指我国古代最早出现的青铜兵器。青铜镞在二里头文化时期即已出现，战国时期，远射的三棱矢镞已改成铁铤。

这些石刀和玉刀刃口锋利，很像当时的雕刻工具。从玉刀的锋利程度看，很有可能远在7200年前，新乐人就是这样制作他们的工艺品的。

新乐遗址发现的太阳鸟木雕，发现时已经完全炭化。当时这个木雕不知是什么原因被火烧过，也许烧过的木雕不能再当作部落的图腾了，于是人们把它扔在角落里，被土埋上后逐渐炭化，才能保存达7000余年之久。

从各种发现看，当时的新乐人已经能够使用工具制造出火种来，这与我国古籍中钻木取火的记载十分相似。

从新乐遗址中的一些陶质斜口器中，也都有反复被火烧过的痕迹。这样的斜口器在我国同时期的文化遗址中是不多见的。

木雕鸟 我国东北新石器时代早期文化类型沈阳新乐遗址出土的木雕鸟，造型优美，形象逼真、生动活泼、做工精致、色彩鲜艳、新颖独特，刀法精致，为我国最早之木雕艺术品，弥足珍贵。所刻当为鸷鸟，应是传说中之大鹏。

■原始人生活图

可能斜口器是新乐人在房穴中存放火种时所用的。也许斜口器还起到后来火炉的某些作用，如果假设成立的话，这可就是人类最早的火炉了。

新乐文化中的骨制品种类繁多。其中主要是下层房

■ 新乐遗址出土的器物

原始文化

新石器时代文化遗址

址出土的骨柄、骨锥等，它们为新石器时代骨制品。骨柄从侧面观察，很像两片骨板黏合在一起，有一道较明显的合缝，用以镶嵌细石片，作复合工具之用。骨锥体扁平，尖部弯曲锋利，是钻孔工具。

阅读链接

1972年秋，沈阳市于洪区水稻技术员、业余考古爱好者孟方平在新乐宿舍地区拆除的旧房基底部，偶然发现了几片篦纹陶、细小石器及煤制品等并及时报告了有关部门。

沈阳市文管办根据这一线索对文物出土地点和周围地区进行了全面的考古调查，并于1973年在新乐宿舍地区进行了第一次考古试掘，确定了新乐上、下两层文化。

从1973年至1993年间，新乐遗址经过多次调查与发掘，有大量的实物资料证明在沈阳新乐地区共存在三种相互叠压的不同时期的文化遗存。

1982年，沈阳市将新乐遗址公布为市级重点文物保护单位。1984年成立新乐遗址文物管理所。同年在遗址南部建成文物陈列展厅，并正式对外开放。1986年沈阳新乐遗址博物馆正式成立。1988年辽宁省将新乐遗址博物馆公布为省级重点文物保护单位。

我国最早真玉的兴隆洼文化

"兴隆洼文化"因首次发现于内蒙古自治区敖汉旗宝国吐乡兴隆洼村而得名，距今约8000年，是内蒙古和东北地区发现最早、保存最好的一种新石器时代文化类型。

兴隆洼文化是北方三大文化系统之一，它的发现表明内蒙古地区新石器时代的文化自有渊源。不但解决了红山文化的源头问题，而且进一步揭示出长城地带东段新石器时代文化极富特色的土著性和连续性，为确立西辽河文化与黄河文化平行发展，对人类起源多元一体论提供了史证。

筒形灰陶罐

软玉 我国是世界上崇拜玉的国家之一，而在我国古代玉制品使用的多为具有宝石价值的软玉。细小的闪石矿物晶体呈纤维状交织在一起构成致密状集合体，质地细腻，韧性好。软玉有很多种，颜色也多种多样，但都具有油脂光泽。

同时，兴隆洼文化对整个东北地区的文化起了有力的推动作用。既填补了我国北方文化空白，也将这一地区新石器时代文化向前推进了3000余年。

兴隆洼文化遗址地处努鲁儿虎山麓大凌河支流的牤牛河上游丘岗的缓坡台地上。地处平坦，视野开阔，加之附近有可饮用的泉水，故很适宜人类居住。

兴隆洼遗址除兴隆洼文化的遗存外，还保存着距今五六千年的红山文化、距今4000年左右的夏家店下层文化的居住址和城堡遗址。

兴隆洼文化是一处不可多得的原始社会聚落遗址。遗址周围有人工围沟，是这个氏族营地的界线，也是一种防御设施。这是我国大陆远古居民最早的防御设施。围沟内有成排平行排列的房屋，井然有序，每排10座左右，都是西北至东南走向。

■ 原始人生活图

兴隆洼文化的住房为半地穴式的方形或长方形建筑，都没有门道，可能是在房子顶部开孔，用梯子出入房间。这是我国古代建筑史上的重要发现。

房屋每间约 50至80 平方米，屋内有圆形灶坑，房址最大的140平方米。显得比黄河流域的同时期氏族居址高大宽敞。

就在这层堆积中，发现了一座墓葬，墓主人两耳处各有一件精美的玉玦，应是墓主人生前佩戴的耳饰。一件呈圆环状，另一件呈矮柱状，体侧均有一道窄缺口。

兴隆洼文化遗址中发现的玉玦、玉斧、玉锛等玉器100余件，年代为距今8200年至7400年，由此认定兴隆洼文化玉器是我国年代最早的玉器，开创了我国史前用玉之先河。

兴隆洼文化玉器皆为阳起石的软玉类，色泽多呈淡绿、黄绿、深绿、乳白或浅白色，器体偏小。

兴隆洼文化广泛分布在内蒙古西拉木伦河南岸和辽宁省辽西地区。同类文化性质的遗址还有内蒙古林

■ 玉玦 古玉器名，玉饰的一种。玉有缺则为玦，玦是我国最古老的玉质装饰品，为环形，并有一缺口。在古代它主要是被用作耳饰和佩带。小玉玦常成双成对地出土于死者耳部，类似今日的耳环，较大体积的玦则是佩戴的装饰品和符节器。新石器时代玉玦制作朴素，造型多作椭圆形和圆形断面的带缺环形体，除红山文化猪龙形玦外，均光素无纹。

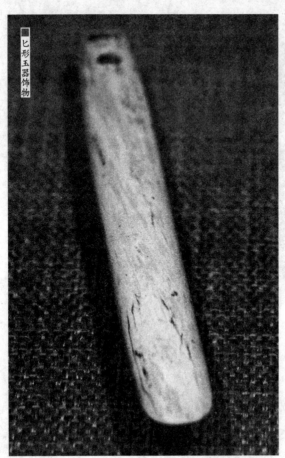
■匕形玉器饰物

西县白音长汗、克什克腾旗南台子、辽宁阜新县查海遗址等。玉玦的数量最多，是兴隆洼文化最典型的玉器之一。

兴隆洼遗址发现有世界上最早的两件白玉玦，距今8200年，玉质为闪石玉，玉料来源于辽宁省岫岩县。在4号居室墓出土两件玦，在7号居室墓出土一对玦，玉料来源于辽宁省岫岩县。

兴隆洼文化遗址的匕形器的数量仅次于玉玦，也是兴隆洼文化玉器中的典型器类之一。器体均呈长条状，一面略内凹，另一面外弧，靠近一端中部钻一小孔，多出自墓主人的颈部、胸部或腹部，应是墓主人佩戴的项饰或衣服上的缀饰。

弯条形器和玉管数量较少，均为佩戴在墓主人颈部的装饰品。斧、锛、凿等工具类玉器特征鲜明，其形制与石质同类器相仿，可形体明显偏小，多数磨制精良，没有使用痕迹，其具体功能尚待深入探讨，但不排除作为祭祀用"神器"的可能性。

在敖汉旗兴隆沟遗址采集一件锛，玉质为闪石玉的暗绿色料，玉料来源于辽宁省岫岩县。

阜新查海文化遗址，距今8200年，总计发现了50多件玉器，玉质主要是闪石玉，玉料来源于辽宁省岫岩县。

此外，在辽宁省东沟后洼遗址下层发现9件玉器和大量滑石饰品，在长海小珠山下层发现斧一件，在庄河北吴屯遗址发现凿3件等，其玉质主要为闪石玉，玉料来源于岫岩县，滑石也应来自产滑石的岫岩县。

兴隆洼居室墓葬是兴隆洼文化的重要内涵之一，通过兴隆洼居室墓葬的数量及其位置看，它应与当时人类的祭祀活动有关。

还有的墓用两头整猪随葬。墓主与雌雄两头猪同穴并列埋葬，说明墓主因生前的地位和死因特殊而被埋入室内，生者为了获得某种超自然力量，便将死者作为崇拜和祭祀的对象；而人猪并穴埋葬表明，当时的祭祖活动与祭祀猎物的活动已经结合在一起，而且兴隆洼先民们对猪灵的祭祀具有图腾崇拜的意义。

在兴隆洼的房址居住面上及墓葬的陪葬品中都发现了大量的鹿、猪等动物的骨骼，因此可以确定狩猎经济在当时人们的生活中占有重要的地位。

兴隆洼先民使用的生产工具以石器为主，其中主

图腾崇拜 发生在我国古代民族公社时期的一种宗教信仰的现象。一般表现为对某种动物的崇拜，也是祖先崇拜的一部分，图腾主要出现在旗帜、族徽、柱子、衣饰、身体等地方。而目前对于图腾崇拜的研究也是对于原始社会研究的重要组成部分，故图腾崇拜现象蕴含着重要的历史人文意义。

■原始工具玉铲

要是用于掘土的打制的有肩石锄。很多房址中都放置着这种先进的生产工具，还有石铲、石斧、石锛、石磨盘、石磨棒和圆饼形石器等。

骨器有锥、镖、针等，磨制都比较精良。在房址的居住面上，常常发现琢制的石磨盘和磨棒，有的房间里还出土了石杵。这些谷物加工工具，既可以使农作物去壳，也可以用于加工采集的植物籽实。

房址中发现较多的鹿角、狍骨和胡桃楸的果实硬壳，说明氏族营地附近广布森林，狩猎和采集经济仍占一定的比重。农业经济的发展水平与黄河流域的诸新石器时代文化大体相当。另外，兴隆洼遗址中还发现了我国最完整的蚌裙服饰，这在世界范围内同期也是罕见的。

在新查海遗址发现的一条距今8000年的兴隆洼文化石块堆塑龙，是我国最早的具有传统龙特征的龙形象。这条龙用大小均等的红褐色砾岩摆塑，呈昂首张口、弯身弓背状。

兴隆洼玉器是我国年代最早的真玉器，它标志着社会大分工的形成，使我国使用琢磨真玉器的年代追溯到了8000年前左右的新石器时代中期，为红山文化玉器群找到了直接源头。

阅读链接

1982年，中国社会科学院考古研究所、敖汉旗博物馆联合进行文物普查时，发现了兴隆洼文化遗址。从而认定这是内蒙古及东北地区时代较早、保存最好的新石器时代聚落遗址。

1996年，兴隆洼文化被国务院确定为国家级文物保护单位，并先后被列入"八五"期间我国十大考古发现、20世纪中国百项考古大发现。

龙凤呈祥之源的赵宝沟文化

赵宝沟文化是发现于我国内蒙古自治区敖汉旗赵宝沟村北的新石器时代早期文化，距今6800年左右，略晚于兴隆洼文化而早于红山文化，是继兴隆洼文化之后，在西辽河流域取得支配地位，并对红山文化发展产生过重大影响的又一支重要远古文化。

赵宝沟文化首次出现由猪首、鹿首和神鸟组合的"灵物图像"，被誉为"中国第一神图和最早的透视画"，在意识形态和绘画艺术上具有划时代意义。

■赵宝沟古陶器

赵宝沟文化的发现，明晰了内蒙古赤峰地区的文化区系，反映了7000年前这个地区的先民社会结构，为探讨北方

■ 原始岩画

敖汉旗 位于内蒙古自治区努鲁尔虎山脉北麓，境内有我国战国时期燕秦长城两道。敖汉还是契丹民族的发祥地之一，辽代重城武安州、降圣州均建在敖汉境内。明时，元太祖成吉思汗的十九世孙岱青杜棱偕其弟额森伟征那颜分占了原喀尔喀部所据的老哈河南北两岸之地带，号其所部为敖汉，"敖汉"汉语意思为"老大"。

农业起源提供了翔实的资料。

赵宝沟文化与兴隆洼文化前后衔接，其原型形成于兴隆洼文化中晚期。赵宝沟文化类型遗址有：敖汉旗新惠镇东北高家窝铺乡赵宝沟村北；兴隆洼文化遗址西南的小山遗址；敖汉旗烧锅地、南台地等。

赵宝沟遗址面积约90000平方米。房址平面呈方形或正方形，也有呈梯形，皆为半地穴式建筑，成排分布。

赵宝沟遗址地表遗物丰富，有陶器、石器、骨器、蚌器等，有椭圆底罐、樽形器、石刀斧等代表性器物。

赵宝沟文化石器的主要特点是磨制器与丰富的细石器共存。石质的生产工具主要有尖弧刃石耜、扁平体石斧、弧刃石刀、磨盘和磨棒等。可以看出赵宝沟文化在生产工具方面较兴隆洼文化有一定改进。

在小山遗址的房址中曾发现一件精致奇特的穿孔斧石器。此器通体磨光，表面灰色，杂以黑斑。在靠近顶端处，钻一圆孔，当为安装木柄之用。在圆孔和顶端之间的一面，刻有一人面纹，纹痕浅细，圆脸、鼻、嘴皆近三角。这件石器制作得十分精细，刃部平钝，不像是生活实用工具，似乎与宗教活动有关。

敖吉乡喇嘛板村南台地三面环山，西高东低，东望视野开阔，教来河由南向北流去，适宜于古人类的居住，也适宜于原始农业与原始畜牧业的发展。在这里发现了赵宝沟文化最著名的神兽纹陶樽。

南台地遗址上有房屋遗迹，神兽纹陶樽所在的房址在整个遗址的西部高台上。此处可能系先民们举行某些宗教活动之处，或者是崇拜祭祀的场所。

房基还有陶樽14件，其中5件刻画有神兽纹天象图案，再加上残片上的神兽纹天象图案组成"四灵"，即包含了四时天象的内容在内。主要有神兽太阳纹一件，神兽月相纹两件，神兽星辰纹一件。

"四灵"纹陶樽为中华文明和龙的起源填写了辉

神兽 我国古代最令妖邪胆战心惊并且法力无边的就是青龙、白虎、朱雀、玄武四兽了。青龙为东方之神；白虎为西方之神；朱雀为南方之神；玄武为北方之神，龟蛇合体。故有"青龙、白虎、朱雀、玄武，天之四灵，以正四方，王者制宫阙殿阁取法焉"。

■ 原始陶器

煌灿烂的一笔，也为辽西古文化区玉猪龙起源提供了具体的实证。

赵宝沟文化所代表的赤峰先民主要经济形式为原始农业，狩猎经济占有一定比重。这一时期先民已存在等级高低之分，社会分工已趋明显，当时社会上已经出现了较为高级的神灵崇拜观念。

赵宝沟文化的房址和灰坑有140余处。遗物有陶器、石器、骨器和蚌器。

赵宝沟文化最著名的代表是陶器，陶器中以筒形罐、椭圆形底罐、樽形器、钵和碗为多。陶质多夹砂褐陶，手工制作。主要纹饰有拟像动物形纹、抽象几何形纹和之字形纹。

其中，在小山遗址的一件樽形器上，发现了非常珍贵的猪首龙、鹿首龙和高冠神鸟图绘。该樽形器直领圆唇，腹部扁鼓，下接假圈足，器表打磨光亮平滑，饰有极其精美的飞鹿、猪龙和神鸟等多种灵物图案。

器中飞鹿肢体腾空，背上生翼，长角潇目，神态端庄安详；猪龙为猪首蛇身，尖吻上翘，巨牙上指，眼睛细长，周身有鳞，神鸟奋翼冲天，巨头圆眼，顶上生冠，长嘴似钩，这三种灵物都引颈昂首，首尾相接，凌空翻飞。

另外，在南台地遗址的一件陶器，腹部饰有两只鹿纹，也是首尾相衔，做凌空腾飞之状，后部好像鱼尾，尾上三角处，有一半图形图案，外围有一圈向心射线，有如一轮金光四射的太阳。在躯干和四肢部位，有精心刻画的细网格纹，两格之间仅距一毫米，完全等距，十分准确精致，令人叹为观止。

赵宝沟文化遗址中有一件带神鸟纹的陶樽，被誉为"陶凤杯"。陶凤杯上的凤头冠、翅、尾的造型与中华传统的"凤"极为接近，已经将凤的特征完全显现，这在史前文物中还是首次发现，被誉为"中华第一凤"。

如此说来，赵宝沟文化磨光陶樽上的动物灵物图案，在某种意义上又可以视为我国最早的龙凤呈祥图案。猪首蛇身樽形器是我国发现最早的中华龙崇拜的实证之一，说明内蒙古地区也是探求中华龙起源的重要发祥地。

2006年，赵宝沟文化遗址被列为第六批我国重点文物保护单位。

阅读链接

1971年"红山玉龙"在赤峰发现后，被考古学界公认为"中华第一龙"，史学界和考古界为之震惊。可以认为，中华民族龙崇拜的起源，与赤峰地区关系极大。

2003年，在翁牛特旗解放营子乡北山村一户农民家中，当地青年企业家张军发现了陶凤杯并收藏，2004年，张军将他多年来收藏的2894件文物捐赠给赤峰市政府，陶凤杯是捐赠文物之一。

这是赵宝沟文化时期首现"神鸟"的灵物图像，经内蒙古自治区文物鉴定委员会专家鉴定，陶凤杯被初步认定为国家一级文物。自治区文物专家称：属于赵宝沟文化的陶凤杯堪称国宝级文物，它是出现在我国有关"凤"的最早的实物资料。

产生"中国龙"的红山文化

红山文化是距今五六千年间一种在燕山以北，大凌河与西辽河上游流域活动的部落集团创造的农业文化，因发现于我国内蒙古自治区赤峰市郊的红山遗址而得名。

红山文化中"中华第一龙"红山玉龙的发现，不仅找到了"中国龙"的源头，也充分印证了我国玉文化的源远流长。

中华民族向以"龙的传人"自居，龙的起源同我们民族历史文化的形成和文明

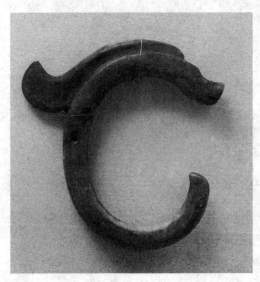

■ 红山玉龙 我国新石器时代玉器，被誉为"中华第一龙"。红山出土的这件C形玉雕龙无足、无爪、无角、无鳞、无鳍，它代表了早期中国龙的形象。龙是中华民族精神的象征，龙的形象来源于我国先民对于"图腾"的崇拜。古代人多把对自然界的畏惧和对美好生活的希冀用一种徽号或保护神来代表，黄帝的后裔就用龙作为标记。

红山文化先民村

时代的开端紧密相关。红山玉龙对于研究我国远古的原始宗教和总结龙形发展的序列都有着非比寻常的意义。

红山位于内蒙古自治区赤峰市东北郊的英金河畔，蒙古族人叫它为乌兰哈达，汉语意为"红色的山峰"，原名叫"九女山"。

传说远古时，有9个仙女犯了天规，西王母大怒，九仙女惊慌失措，不小心打翻了胭脂盒，胭脂洒在了山上，因而出现了9个红色的山峰。所以，后来都叫它"红山"。

红山文化遗址的这条玉龙墨绿色，高26厘米，完整无缺，体蜷曲，呈C字形。吻部前伸，略向上弯曲，嘴紧闭，有对称的双鼻孔，双眼突起呈棱形，有鬣。

玉龙的背正中有一小穿孔，经试验，若穿绳悬起，龙骨尾恰在同一水平线上，显然，孔的位置是经过精密计算的。

红山玉龙造型独特，工艺精湛，圆润流利，生气勃勃。玉龙身上负载的神秘意味，更为它平添一层美感。由于玉龙形体硕大，且造型特殊，因而它不只是一般的饰件，而很可能是同我国原始宗教崇拜密

■红山文化玉镯

切相关的礼制用具。

玉龙以一整块玉料圆雕而成，细部还运用了浮雕、浅浮雕等手法，通体琢磨，较为光洁，这都表明了当时琢玉工艺的发展水平。

另外，在内蒙古敖汉轱辘板壕、克什克腾旗好鲁库石板山、阜新胡头沟等地红山文化遗存中也发现了数批玉雕龙、大型勾云佩等红山文化玉器。

我国古文献记载的熊、龙、龟、云、鸟等黄帝图腾，均有红山文化玉器与之对应。这些图腾性玉器反映了5500年前红山先祖的生产、生活、生育和生灵情况，而玉龙玉凤则是红山最尊崇的玉器。

在辽宁省朝阳市凌源、建平两县交界处的牛河梁村的红山文化遗址中，人们还发现了一座女神庙，庙中有一尊完整的与真人一样大的泥塑女神头像，女神头像旁边还有6个大小不同的残体泥塑女性裸体群像。

尤其是女神上臂塑件空腔内带有肢骨，因遭火焚多成灰渣，但很有可能是人骨。这就不单单是艺术造型了，女神头像可以作为研究古代中华人种学和民族史的典型标本，它使亿万中华子孙第一次看到用黄土模拟真人塑造的5000年前祖先的形象。

古籍记载中，女娲的第一大功劳就是"抟黄土做人"。而牛河梁女神带有肢骨的塑件，与古籍记载有惊人的相似。辽河流域牛河梁女神庙可能就是当时的原始古国对女娲的一种回忆、崇拜。

在距离牛河梁女神庙1000米的地方，有一座全部是人工夯筑起来的小土山，夯土层次分明，形状为圆锥形、小抹顶。上面是用3圈石头围砌起来的，每一层石头伸进去10米，高度为1米，山下面也用3圈石头围砌起来。

围绕小土山周围的山头上，还发现有30多座积石冢群址，整个积石冢群都是圆锥形、大抹顶，和古埃及的金字塔相比，布局是一样的，称为"中国的金字塔"。

从"金字塔"顶向四周望去，女神庙遗址与"金字塔"在一条南

红山文化生活图

■ 红山文化生活图

女娲补天 我国古代的神话传说，水神共工造反，与火神祝融交战，共工被祝融打败了，他气得用头去撞西方的世界支柱不周山，导致天塌陷，天河之水注入人间。女娲不忍人类受灾，于是炼出五色石补好天空，折神鳖之足撑四极，平洪水杀猛兽，人类才得以安居。

北线上，而东西两侧的积石冢群址与"金字塔"等距离地排列在一条线上，这种布局使人明显地感受到"金字塔"的中心地位。

"金字塔"山上到处散布着带有红山文化特征的"之"字纹彩陶片以及冶铜坩埚片。而"金字塔"顶部是炼铜遗址，这些与"女娲补天"神话传说中女娲炼五色石的情节十分吻合。

大"金字塔"周围的小"金字塔"群中有大批玉器。一座积石冢的中心大墓里有一具完整的男性骨架，头部两侧有两个大玉环，胸前佩戴着双龙相交的勾云形班次佩，头的上部有玉箍，腕部有玉镯。

同时，死者双手各握一玉龟，一雌一雄，相配成对。这对玉龟可能是当时的氏族部落集团的图腾崇拜物或保护神。

在另一座积石冢里，有20余件玉器，死者的胸部也佩置一碧绿色玉龟。但这两座积石冢中出土的玉龟均无头无尾无足，浑然一体。这个无头无尾无足的玉龟也与神话传说中女娲补天时"断鳌立极"相契合。

老哈河东岸的敖汉旗白斯朗营子村南，四棱山前起伏不平的沙丘上，有一处红山文化的窑场，共有6座窑址。从这些结构各有差异的陶窑及出土的陶器来看，制陶业已经有相当大的规模了。

红山文化的陶器有泥质红陶、夹砂灰陶、泥质灰陶和泥质黑陶四类。饰细绳纹、刻画纹和附加堆纹，由细绳纹组成的菱形回字纹已初具雷纹特征。器物为夹砂灰陶直筒罐类、钵盆和镂空豆类、壶类以及器座、盂、樽、双耳大口罐形器。晚期出现大平底盆，大敞口折腹浅盘细柄豆，并出现有彩绘陶。

红山文化的磨制石器和细石器共存，有打制石器，有四边起棱，横截面呈长方形的磨制石斧、石耜，出现磨光石铲，细石器有石镞和骨柄刀的石刃。石刃加工精致。联系陶器上出现的猪首陶塑，反映其经济生活为农牧结合兼营狩猎。

朝阳田家沟红山文化墓地群有4个墓地地点，墓葬中的一件蛇头形耳坠在红山文化的玉器当中是第一例，这和《山海经》的耳双蛇的

断鳌立极 华夏龙族古老的神话传说。女娲补天时，天下苍生遭受了天崩地裂的特大灾难，许多爬行动物纷纷灭绝了。唯有鳌龟几经考验，顽强地生存了下来。因为鳌龟身有甲壳保护，它们行动时可以伸展四足，于是女娲斩下了一只大龟的四脚，把它们当作四根柱子把倒塌的半边天支起来了。

■红山文化玉蚕

记载相关。

红山文化出土的猪龙玦形器，在辽宁、内蒙古和河北等地均有发现，它可能是由猪的形象再度被神格化所衍生而来的，或者是"龙"在早期神话传说阶段的形象。

红山文化遗址还出土了鸟、龟、虎形佩和鱼形石坠等小型的动物形象作品，它们主要是用玉或绿松石雕刻而成的。

另外，猫头鹰是红山文化主要图腾崇拜物，玉猫头鹰在红山文化出土数量最多。

红山文化时期，人们恐惧黑暗，希望在黑暗中看清一切；希望能够像鸟儿一样飞起来避免受到伤害；又希望像雄鹰一样轻易地捕捉到猎物。

而猫头鹰具备这一切优势，猫头鹰是辽西地区普

《山海经》 我国先秦时重要古籍，是一部富于神话传说的最古老的地理书，内容包罗万象，主要记述古代地理、动物、植物、矿产、神话、巫术、宗教等，也包括古史、医药、民俗、民族等方面的内容。具体成书年代及作者已无从考证，普遍认为其并非成书于一时，也不是一个作者写的。

■红山文化生活图

遍存在的猛禽，又给人以通达天地阴阳的神秘感。所以，红山文化时期先民们寄希望于猫头鹰能够给予自身与自然界抗争的神奇力量。

■斜口筒形玉器

红山文化代表了已知的我国北方地区史前文化的最高水平，使中华文明起源史、中华古国史从4000年前提早到5000年前。

红山文化的发现，也使西辽河流域与黄河流域、长江流域并列成为中华文明的三大源头，被称为"东方文明的新曙光"。

阅读链接

20世纪初，赤峰当地喀喇沁蒙古王公聘请了一位叫鸟居龙藏的日本学者来讲学。他越过巴林左旗来到了红山，在附近地面上发现了一些陶片。

1930年冬，梁启超的儿子梁思永从美国留学归国后，开始研究考古学，他收集了一些鸟居龙藏的资料后，参加了中国科学院考古组，到过林西、沙拉海、锅撑子山一带，发现了一些陶片。

新中国成立后，梁思永任中国考古所副所长，为我国考古学家尹达出版《中国新石器文化》一书作序。两位学者论述了东北这一文化现象，属于长城南北接触产生的一种新文化现象，并提出定名为"红山文化"。

1971年，内蒙古赤峰翁牛特旗三星他拉村在植树时，意外挖掘出一件大型碧玉雕龙。这条玉龙被考古界誉为红山文化象征的"中华第一龙"，赤峰也因此被誉为"中华玉龙之乡"。

桂林历史之根的甑皮岩文化

甑皮岩文化是发现于广西壮族自治区桂林独山西南麓洞穴的新石器时代早期文化，距今10000年至7450年。甑皮岩文化确定了生活在甑皮岩原始人的具体年代。

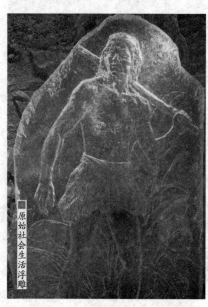

原始社会生活浮雕

甑皮岩文化是华南地区新石器时代早期非常有代表性的文化，不仅出现的时间早，而且存续时间长，达5000年之久，它甚至比河姆渡文化和半坡文化延续时间都长，而且它本身在原地不断进化。因此被称为"华南及东南亚史前最重要的标尺和资料库之一"。

甑皮岩位于独山西南山脚，这里地势开阔，山林茂密，水池荡漾，远古时代的甑皮岩一带蕴藏着

■ 原始人类生活复原图

十分丰富的动植物资源，为先民们提供了充足的食物来源，加上适宜的宽敞洞穴和温暖的气候，甑皮岩先民得以在此生生不息。昔日的甑皮岩，不愧为远古先民的乐园。

甑皮岩遗址是新石器时代桂林先民的一处居址和墓地，在这里，人们一共发现了29座人类墓葬，有人类骨骼30具。

据对洞穴内发现的30具古人类遗体进行测定，这些古人的死亡年龄一般在四五十岁之间，个别甚至超过60岁。其中确定6例为成年男性，5例为成年女性，3例为幼童，其中中年或老年10例，壮年1例。至少有4例头骨可看出比较明显的人工伤痕。

墓葬中有一处石器加工点及火塘、灰坑等生活遗迹，还有打制和磨制石器、穿孔石器、骨器、角器、蚌器等数百件。

半坡文化 属于黄河中游的仰韶文化，显示出北方地理环境的特色，可以说是北方农耕文化的典型代表。半坡遗址是我国唯一保存完好的原始社会遗址，也是黄河流域规模最大、保存最完整的母系氏族公社村落遗址。

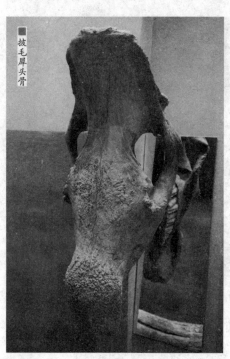
■ 拔毛犀头骨

蚌壳的年代为距今11000年上下，说明这是一处位于岭南的新石器时代文化遗址，年代竟然超过万年。

另外墓葬中还有捏制和泥片贴筑的夹砂和泥质陶器残片上万件，以及人类食后遗弃的哺乳类、鸟类、鱼类、龟鳖类、腹足类和瓣鳃类动物骨骼113种。兽骨分别为虎、棕熊、爪哇豺、水獭、麝、獐、黄牛、羊以及犀牛等。

甑皮岩遗址的猪不是野猪，而是人工饲养的家猪，是我国境内年代最早的。但是，尚处在驯化的初级阶段，可见甑皮岩人的饲养业并不兴旺。

甑皮岩遗址的动物群非常丰富，因此被特殊命名为"甑皮岩遗址动物群"。其中的哺乳类动物均属于喜暖动物，由此可见，那时桂林地区的气温比如今桂林要高些，而与现在云南西双版纳的气温近似。在桂林鹿科中，发现一种新属种，已定名为"秀丽漓江鹿"。

由此可见，甑皮岩居民的经济方式是以狩猎、采集和捕捞为主的综合经济，但逐渐掌握了家畜饲养技术，开始驯化猪，并可能在距今7000年前有了原始的农业生产。

这些遗迹、遗物依地层和文化特征可划分为五期，由此可勾勒出公元前10000年至前5000年间桂林原始文化的发展轨迹。

在第一期发现一件破碎的捏制夹粗砂陶容器，是我国发现的最原始的陶容器实物之一，年代在公元前10000年至前9000年。

在第二至第四期的陶器大部分用泥片贴筑法制坯，露天堆烧法烧制，显示出公元前9000年至前6000年间桂林陶器制造技术的发展。

第五期进一步出现用慢轮技术修坯的泥质陶器，纹饰除传统的绳纹、篮纹等编织纹外新出现式样繁多的刻画纹、戳印纹、捺压纹，如干栏纹、水波纹、曲折纹、网格文、弦纹、乳钉纹、箆点纹、附加堆纹等，器形富于变化，有罐、釜、盆、钵、圈足盘、豆、支脚等器类。

第五期的磨光石斧、石锛、石矛、石刀、骨镖、骨镞、骨锥、骨针制作精良，蚌匙全国仅见。第五期文化代表了公元前6000年至前5000年间桂林史前文化的最高水平。

墓葬发现于第四五期，墓坑形状均为不太规则的

屈肢蹲葬 我国南方母系氏族公社时期的一种丧葬习俗。古人以为，人死后是一种不醒的长眠，生前日常休息是蹲坐姿势，死后也应按其生前的休息姿势去安葬，使死者得到安息。广东连山的瑶族、四川木里的普米族、云南永宁的纳西族，1949年之前都流行过类似的屈肢蹲葬葬俗。

■ 原始狩猎浮雕

圆形竖穴土坑墓，葬式为其他地方少见的屈肢蹲葬，人骨架多数保存较好，一些头骨上有人工穿孔。

研究表明，"甑皮岩人"属于南亚蒙古人种，并且具有非洲赤道人种的一些特征，是现代部分华南人和东南亚人的祖先，也有可能古代桂林人是东非走出来的晚期智人的一支。

甑皮岩洞穴遗址出土的大量遗物，给人们展现了一幅桂林原始居民的生活图景。他们集体劳动，过着以渔猎和采集为主的生活，后来则过渡到农业和驯养开始萌芽的阶段。由于当时的人类使用的工具主要还是石器，生产力十分低下。

那时，青壮年的男人成群结队，手持木棒、石矛等，每天出没于山野密林和湖沼河旁，围捕野兽，打捞鱼虾，而妇女主要从事采集、制造陶器、养老抚幼

■ 原始箭杆矫正器

等活动。

在甑皮岩先民的葬俗中有妇婴合葬的现象，一个中年妇女葬后，又将先葬于其他地方的一个婴儿迁到妇女身边合葬，这种情况表明甑皮岩先民尚处于母系氏族社会阶段。

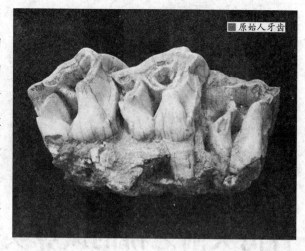
原始人牙齿

另有两座墓葬中成年女性遗骸上撒赤铁矿粉末的现象，这和旧石器时代的北京山顶洞人的遗风一样，是一种隆重的葬礼，更说明妇女在当时享有崇高的社会地位。

甑皮岩不同地层的堆积反映了不同时期远古先民的文化面貌和生产力状况。因此，从某种意义上来说，甑皮岩遗址就是一本史前文化的编年史。

阅读链接

1965年，桂林南郊的大风山小学，人们想利用附近独山下一个叫甑皮岩的天然洞穴构筑防空洞，为此组织了一次爆破。几声爆炸过后，人们惊奇地发现，碎土中暴露出许多人骨、人牙、兽骨和陶片。

1973年至1975年，由广西壮族自治区文物工作队和桂林市文物管理委员会进行抢救性发掘并定名为"甑皮岩文化"。

2001年，桂林市甑皮岩遗址为全国重点文物保护单位；2002年，获得国家文物局颁发的国家田野考古二等奖。

台湾大陆之桥的凤鼻头文化

凤鼻头文化分布于我国台湾省中南部海岸与河谷地区，跨越分布在台湾岛西海岸的中南部，自大肚山起向南到台湾岛南端及澎湖列岛。其年代在公元前2500年至公元1600年左右。其典型代表是高雄林园区凤鼻头遗址。

原始人浮雕

凤鼻头文化呈现了台湾西南部史前文化的发展。就类型而言，这一文化在时间上可分三期：自公元前2500年至公元前1500年左右为第一期，自公元前1500年左右至公元初年为第二期，自公元初年至十六七世纪汉文化大量传入为第三期。3个时期的文化遗存，都呈现着鲜明的大陆风格。

　　凤鼻头也称"中坑门"，位于高雄林园区中门里中坑门聚落北侧，凤山丘陵南端前缘缓坡处，为一处海升后冲积平原所形成的台地，至今约有3500年至2000年的历史。

　　凤鼻头遗址有新石器时代早期至晚期之大岔坑文化、绳纹红陶文化、夹砂红灰陶文化及凤鼻头文化等不同文化，遗址面积也非常广泛，是台湾地区重要的史前遗址之一。

　　第一期以细质红陶为主要特征，分布于大肚山至鹅銮鼻台湾西海岸的中南部。代表性的遗址有台中牛骂头遗址下层、南投草鞋墩遗址、高雄凤鼻头遗址的中层、屏东的垦丁和鹅銮鼻遗址。

　　在遗址的居住区，发现一处房子的遗迹，长方形，东西向，看上去是干阑式建筑。在台南的一个遗址里，还发现了粟粒遗迹。

　　从农具和粟粒看，那时台中、台南的远古居民的生活，已经从以采集渔猎为主，发展到以农耕为主，兼营渔猎。墓葬中已有石板棺，还有精致的陶器作为殉葬品。一些齿骨上有了拔牙的痕迹。

　　这一带红陶质地细腻，不含粗砂，色泽橙红或深粉红。橙红的多磨光，深粉红的多未经研磨。从制作工艺看，多以泥条或泥环盘结叠筑，外面抹平。

■ 原始古陶器

新石器时代文化遗址

陶器纹饰有绳纹、席纹、刻画纹和附加堆纹，个别陶片上还绘有深红色的勾连形图案或平行线。

陶器的器形主要有碗、壶、瓶、罐、鼎等。这些红陶酷似祖国大陆东部沿海原始文化遗存。

如果将凤鼻头文化与我国青莲岗文化，特别是较早期的青莲岗和马家浜文化中的红陶陈列在一起，人们会惊异地发现：海峡两岸，原来竟是一群"同胞姐妹"。所不同的，只是来自凤鼻头的一群更"年轻"一些。

第二期以素面和刻纹黑陶为主要特征，广泛分布于台湾中南部各地。代表性的遗址有台中营埔、南投大马璘、台南牛稠子贝丘、高雄大湖贝丘、桃仔园贝丘以及凤鼻头贝丘的第三四层等。

从遗址的分布与遗存看，这种黑陶文化所使用的自然资源要比红陶文化为广：

其一，黑陶文化的遗址不仅分布于海岸和河口的台地，而且伸入了河流的中游地区与高地。

其二，黑陶文化遗址处有很多贝丘，说明这个时代的住民对自然资源利用的规模，比上一时期显著扩大了。

其三，黑陶文化在岛内各地的变异较大。尽管名之为黑陶，在同一风格之下，却还有红陶、橙黄陶、

贝丘 又称贝冢，我国古代人类居住遗址的一种，以包含大量古代人类食剩余抛弃的贝壳为特征。大都属于新石器时代，有的则延续到青铜时代或稍晚。根据贝丘的地理位置和贝壳种类的变化，可以了解古代海岸线和海水温差的变迁，对于复原当时自然条件和生活环境也有很大帮助。

彩陶、棕陶等各种形制。

这种变异应视为各遗址住民对本区域特殊资源的充分开发和利用所致。黑陶文化的标志性器物是各遗址均有发现的黑皮磨光陶。该陶通体打磨、光泽黑亮、质硬胎薄。最薄的仅二三毫米。显示了较高的制作水平。黑皮磨光陶以轻便和单位容量大而著称。

另外，在制作技术方面，黑陶文化中首次显示了使用慢轮修整的痕迹，这对于台湾地区来说是一个不小的进步。

凤鼻头文化第三期以印纹和刻画纹灰黑陶为主要特征，它们所代表的年代大约在公元初年至十六七世纪之间，由于年代的晚近和汉文化的大量涌入，台湾这一期的原始文化遗存大都被近现代文化的潮水淹没了。

从出土的陶器看，其特征为灰、黑几何印纹陶，以方格纹为主。这种陶器不仅与华东青莲岗、福建县石山出土的几何印纹陶属于同一类型，而且在我国江南地区分布极为广阔。

几何印纹陶的创造者是古越族，越族第三次大举赴台是公元前110年以后的事情，这一时间与凤

147

先祖渊源

南北地区

■原始时期陶罐

原始黑陶

鼻头第三期文化的考古年代大致相合。而且很有可能，渡台之后的越人与大陆越人始终保持着经常的联系，这种民族交流必然促进文化的交流。

凤鼻头文化第三期陶器遗存有限，但在上述各遗址中却普遍伴存着铁器和玻璃珠。这说明台湾平埔人与汉人颇有渊源，受汉文化影响深重。其铸铁技术是由大陆传入无疑。

从凤鼻头文化的发展不难看出，台湾的古文明和祖国大陆东南、华南地区的古文明属于同一文化系统，是光辉灿烂的中华文化中的一部分。

原始文化

新石器时代文化遗址

阅读链接

很早，于凤鼻头挖掘壕沟时，最先发现古代文物。

1965年，考古学者张光直曾有计划发掘得知，凤鼻头遗址有大坌坑文化、绳纹红陶文化、夹砂红、灰陶文化等不同文化，遗址面积亦广，为台湾地区重要的史前遗址之一。

1991年，黄士强与刘益昌两位教授针对遗址范围与文化做研究，其所出土的遗物为台湾南部地区较早发现的，并含有新石器时代早期至晚期之大坌坑文化、牛稠子文化凤鼻头型及凤鼻头文化3个文化层，呈现台湾西南部史前文化之发展。

云南文明起点的白羊村文化

  白羊村文化位于云南宾川城东北的金牛镇桑园河东岸白羊村，属于我国西南洱海地区公元前2200至前2100年的新石器时代文化，是我国云贵高原地区所知年代较早的以稻作农业为主的文化遗存。

  白羊村文化遗址是滇西洱海地区内涵比较丰富、文化特征鲜明的一处典型遗址，也是云贵高原地区年代较早的以稻作农业为主的文化遗存。它是宾川文明的起点，也是云南文明的起点之一。

  宾川盆地位于洱海之东、金沙江之南的宾居河沿岸，四周高山环抱，宾居河由南向北注入金沙江。气候炎热，无霜期长，土质肥沃，

原始人使用的石器

宜于农耕。

白羊村遗址位于宾川县城东北的宾居河东岸，系一河旁台地。遗址面积约3000平方米。1973年发掘了290平方米。文化层厚达4.35米，分为早晚两期。

在发掘区内，发现房址、火塘、窖穴、墓葬等遗迹现象。遗址出土的遗物有陶、石、骨、角、牙、蚌器共516件。石器以磨制为主。

遗址共发现房址11座，均为长方形地面建筑，一般面积10多平方米。四周立木柱，柱间编缀荆条，两面涂草拌泥构成墙壁。

这些房址早期墙基多开沟槽，沟底挖柱洞。晚期墙基无沟槽，直接在地面上挖柱洞，或是在四周地面上铺垫石础，再立木柱。

还发现有残存灰白色粮食粉末和稻壳、稻秆痕迹的窖穴，多分布在房址附近。另外遗址多处发现猪、狗、牛、羊等家畜的遗骨。

白羊村文化有墓葬34座，均属晚期，都无随葬器物。葬式复杂多样。24座竖穴土坑墓中，除二次葬和完整骨架的单人、双人仰身直肢葬外，以仰身直肢或屈肢的10座无头葬最为突出特殊。

无头葬这种现象是祖先头颅崇拜把死者头

祖先头颅崇拜

祖先崇拜是指一种我国原始宗教习惯，基于死去的祖先的灵魂仍然存在，仍然会影响到现世，并且对子孙的生存状态有影响的信仰。祖先头颅崇拜是其中一种比较特殊的形式，认为头颅是祖先生命、灵魂和地位的象征。

150

原始文化

新石器时代文化遗址

■原始社会器物

取下供奉所致，或者是猎头习俗或战争频繁造成的。无头葬主要是成年男性，也有成年女性和小孩；多数为单人，有的则是2人、3人以至多人的合葬。

白羊村文化遗址墓葬中还有瓮棺葬10座，绝大多数为幼童，个别的是成人瓮棺二次葬。

龙形鋬窃曲纹匜

白羊村遗址发现生产工具中，石刀数量众多且独具特色。其中收割用的新月形穿孔石刀最具特色，它以新月形凸刃双孔或单孔石刀为主，少数为穿孔圆角长条形。

陶器处在手工制作阶段，陶器均夹砂，褐陶最多。绳纹、划纹较普遍，还有富于特点的点线纹和篦齿纹，器形有罐、圜底钵、圜底匜、弇口缸等。

白羊村遗址文化特征主要有四点：一是以石斧、锛、刀、镰和制作精细的各式石镞为主要代表；二是陶器以夹砂陶为主，手制，仅晚期个别器物口沿有慢轮修整痕迹。器形以各式陶罐、大陶缸、浅腹大平底陶皿、圜底钵、陶匜为典型器物，亦有少许圈足与三足器；三是房址系长方形的地面木构建筑，早、晚期均有排列密集的木柱，再编缀荆条，于两面涂草拌泥而成木胎泥墙。晚期出现铺垫石础的房址；四是成人墓的葬式多样，其中无头葬式尤为独特，幼童并行土坑葬与瓮棺葬，均无随葬品。

石斧 是远古时代用于砍伐等多种用途的石质工具。斧体较厚重，一般呈梯形或近似长方形，两面刃，磨制而成。多斜刃或斜弧刃，亦有正弧刃或平刃。古代石器在经过长时期的劳动实践之后，产生了"美"的形式。

原始人收割稻谷场景

　　白羊村遗址中的古稻谷是云南出土较早的古稻谷之一，它填补了多项空白，在亚洲栽培稻起源研究中占有十分重要的地位，再次充分证明了我国稻作栽培的悠久历史。

阅读链接

　　1972年春，白羊村农民发现白羊村遗址。1973年和1974年，考古工作者开始发掘。

　　2006年，白羊村遗址作为新石器时代古遗址，被国务院批准为第六批全国重点文物保护单位。

　　为了更好地保护好这一珍贵的文化遗产，2010年，宾川县编制了《全国重点文物保护单位宾川县白羊村遗址文物保护规划》。提出在原址上建白羊村文物管理中心，金沙江及洱海地区史前文化的重要展示地，并将其建成宾川仅次于鸡足山的重要旅游目的地、云南省爱国主义教育基地及文物保护和旅游为一体的文物展示基地。